KB271492

암기하고싶은 내용을

연상암기법을 통해

쉽고 재미있게 오래 기억하도록 노하우 터득

뽀글뽀글 斷想
Easy Memory

초판 1쇄   2014년 4월 7일

지은이   이용원
발행인   김재홍
책임편집   조유영
마케팅   이연실

발행처   도서출판 지식공감
등록번호   제396-2012-000018호
주소   경기도 고양시 일산동구 견달산로225번길 112
전화   031-901-9300
팩스   031-902-0089
홈페이지   www.bookdaum.com

가격   13,000원
ISBN   979-11-5622-021-3   13000

CIP제어번호   CIP2014009812
이 도서의 국립중앙도서관 출판시 도서목록(CIP)은 e-CIP 홈페이지(http://www.nl.go.kr/ecip)에서 이용하실 수 있습니다.

뽀글뽀글
斷想
EASY
MEMORY
이용원 지음

　우리는 평생을 살아가면서 많은 책을 읽게 되는데 책을 읽는 목적에는 여러 가지가 있을 수 있다. 다만, 흥미본위로 읽는 일과성의 잡지, 만화책으로부터 시작해서 단순히 이해만 해도 되는 경우가 있으며 경우에 따라서는 암기까지 해야 할 때도 있다.

　우리들은 후자의 경우처럼 책에 소개되어 있는 중요한 내용을 이해는 물론 암기해서 완전한 자신의 지식으로 만듦으로써 이를 자신의 전공분야에 효과적으로 활용해야 할 필요성을 느낀다. 굳이 암기까지 해야 하는 이유 때문에 우리는 쉽게 지치게 되고 중도에 포기하게 된다.

　저자는 대학시절 소위 mind control이라는 훈련을 받는 가운데 연상암기법이라는 학습방법을 알게 되었다. 그 후로 책을 보는 것이 즐거워졌으며 암기할 내용이 무엇이든 거의 두려움 없이 대하게 되었다. 예를 들어 아리스토텔레스는 일원론을, 플라톤은 이원론을 주장했다. 간단한 내용이므로 짧은 시간에 누구나 쉽게 암기할 수 있을 것이다. 그러나 많은 시간이 흐른 후에는 「누가 일원론을, 누가 이원론을 주장했는지?」를 혼동하게 될 것이다.

　한번 암기하면 혼동되지 않고 장기간 기억할 수 있는 방법은 없을까? 암기해야 할 내용에 좀 더 편안한 마음으로 쉽고 재미있게 접근하는 방법은 없을까? 다양한 예를 제시함으로써 이러한 문제점을 해결해보자는 것이 본 저서를 집필하게 된 동기이다.

제주도에 가면, '한라산 1,950m 꼭 한번 오십시오.'라는 안내판을 보게 된다. 이를 보는 순간 제주도가 그렇게도 친근하게 느껴졌다. 나처럼 연상암기법을 즐기는 사람이 제주도에 있다는 사실 때문이었으리라. '꼭 한번 오십시오.'는 1,950m를 연상하게 해준다. 그래서 다른 산은 몰라도 한라산의 높이는 힘들이지 않고 기억한다.

모든 안내판을 그렇게 연상이 되도록 표현할 수는 없듯이 모든 이론을 연상암기법을 이용해서 접근하기란 어렵다. 예를 들어 암기하고자 하는 내용이 10가지일 때 그중 두세 가지라도 연상암기법을 이용하여 정복할 수 있다면 그것이 약방의 감초처럼 청량제 구실을 하여 암기하는 일이 재미있어지게 마련이다. 진심어린 마음으로 사람들에게 연상암기법을 권하고 싶다. 한번 시도라도 해보라고. 그래서 희열을 느껴보라고.

나를 보고 미소라도 짓는 듯 밤하늘에 떠 있는 보름달을 바라보고 있노라면 마음이 편안해지는 것처럼 이 책과 인연을 맺게 될 많은 이들이 연상암기법의 노하우를 축적하여 암기의 지옥에서 벗어남으로써 편안한 마음으로 공부할 수 있는 날이 성큼 다가오기를 기대해본다.

차례

EASY MEMORY

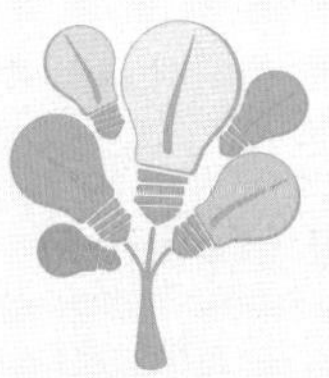

제1부

컴맹도 해볼 만한
워드 이론 맛보기

모름지기 공부란 재미있어야 할 맛이 나는 법이다. 무미건조하기로 두 번째 가라면 서러워할 것이 있다면 그것이 바로 워드프로세서에 관련된 용어들이라 하겠다. 이제 무미건조한 워드프로세서 용어들을 기발한 연상암기법을 통하여 하나하나 실마리를 풀어가려 한다.

언젠가 퇴근길에 라디오에서 흘러나오는 이야기가 귀에 솔깃했다. 달콤한 연애에 빠져있는 사람이 깊은 밤 애인을 생각하며 쓴 연애편지는 그 다음 날 다시 읽어보지 말고 발송해야 한다는 것이었다. 다시 읽어보면 너무도 쑥스러워 도저히 보낼 엄두가 나지 않기 때문이란다. 참으로 공감이 가는 말이었다.

아랫글은 소위 연상암기법을 이용해 워드 이론에 대한 글을 마치고 흥분한 나머지 콩닥거리는 심장소리를 들으며 마치 다시 읽어보면 보낼 엄두가 나지 않을 연애편지에 섬광처럼 스쳐가는 생각들을 적어놓은 것이다.

한 번 읽으면 너무도 황당하여 쇼크를 받고, 두 번 읽으면 재미가 솔솔 묻어나고, 세 번 읽으면 자신감이 생기고, 네 번 읽으면 워드이론에 도사가 되어버린 자신을 발견하고, 다섯 번 읽으면 연상암기법의 진수를 피부로 느끼게 되고, 여섯 번 읽으면 모든 영역에 연상암기법을 접목시키고 싶은 충동에 잠 못 이루게 되는 연상의 세계로 여행을 떠나보자.

1장
워드프로세서의 기본 지식

01-33

01 Oh! A급 사무실이네

암기해야 할 내용

OA(= Office Automation)는 사무자동화를 의미한다.

뽀글뽀글 단상

머리글자를 따서 만든 약어(略語)가 많은 게 문제다. 이 세상에 약어가 몇 개밖에 없다면 머리가 얼마나 개운 할까?

오(吳)씨는 오랜 노력 끝에 본의 아닌 백수생활을 청산하고 드디어 취업을 하게 되었다. 근무하게 될 사무실에 들어가 보니 첫 눈에도 마음에 쏙 드는 A급 사무실이었다. 그는 자기도 모르게 중얼거렸다. Oh! A급 사무실이네. 그는 왜 그렇게 말했을까? 컴퓨터에 일가견이 있는 사람의 눈에는 사무자동화가 잘 되어있는 방이 A급 사무실이기 때문이다. 그래서 우린 사무자동화를 OA라고 하는지도 모른다.

지식에 목마른 사람은 하나 더 알고 싶어 할 것이다. OA는 Office Automation의 머리글자를 딴 것이다.

| Easy Memory |

Oh! A급 사무실이네. 사무자동화가 잘 되어있는 걸 보니.

- **워드프로세서**(word processor:문서 처리기)**란**

바로 이러한 사무자동화(OA) 분야의 핵심 프로그램으로서, 우리는 이를 통해 문서처리에 관련된 작업을 쉽게 할 수 있다.

02 나는 귀가 멀었다 (아이 워스 데프)

암기해야 할 내용

사무자동화 분야의 핵심 프로그램에는 「워드프로세서, 스프레드시트, 데이터베이스, 프리젠테이션」 등이 있다.

뽀글뽀글 단상

네 가지 종류를 읽다가 첫 글자들을 조합해보니 「워스 데프」이다. 우연한 일치일까? deaf는 알 만한 사람은 다 아는 영어 단어(=귀먹은)가 아닌가?

| Easy Memory |

사무자동화(OA)분야의 핵심 프로그램에 대해서 귀가 따갑도록 들어서 나는 귀가 멀었다.

I was deaf. → 아이 워스 데프.

암기해야 할 내용

워드프로세서의 운용 형태에는 3가지 즉, 「독립 형, 공유논리 형, 하이브리드 형」이 있다. 이 중에서 앞의 두 가지를 혼합한 형태를 하이브리드 형이라 하는데 일반 사무 처리용으로 적합하다.

뽀글뽀글 단상

사실 요즘은 하이브리드(Hybrid)라는 말을 일반인들도 흔히 듣는다. 휘발유와 전기를 함께 쓸 수 있는 혼합형 자동차가 서서히 관심을 끌기 때문이다. 이러한 차를 우린 하이브리드(Hybrid)차라고 한다. Hybrid란 바로 「혼합」이라는 뜻임을 알아두자.

여기에선 하이브리드 형(Hybrid)이란 명칭과 용도에 대해 알아보자. 하이브리드 형을 「하인 부리듯」으로 일반 사무 처리용을 「일반화」로 처리하자.

| Easy Memory |

주인이 마치 하인 부리듯 사용하는 하이브리드 형은 일반화되어 일반 사무 처리용으로 적합하다.

04 문 닫고 가동하는 클로즈 형태

암기해야 할 내용

클로즈(Close) 형태란 오픈(Open) 형태, 세미 클로즈(Semi Close) 형태, 세미 오픈(Semi Open) 형태와 더불어 워드프로세서의 작업 형태 중의 하나로 문서만을 작성하는 전담자가 가동하므로 가동률이 100%에 가깝다.

뽀글뽀글 단상

클로즈라는 단어를 보니 중학교 1학년 때 배운 「Close the door」라는 문장이 생각난다. 문까지 닫아걸고 식음을 전폐하며 문서만을 작성하는 전담자가 워드프로세서를 가동한다면 가동률 또한 대단할 것이다.

| Easy Memory |

문 닫고 가동하는 클로즈 형태, 전담자가 가동하니 가동률(= 생산성)이 100%에 가깝다.

잠시 삼천포로 빠지기

구두점의 일종인 세미콜론(;)에도 세미라는 말이 있는데, 무슨 뜻일까? 1970-80년대로 기억되는데 외화벌이를 위해 많은 사람들이 열사의 나라 중동에 간 적이 있었다. 남편들이 수년간 외국에 나가있으니 그 아내들은 본의 아니게 반 과부 신세가 되었다. 이를 세미위도우(semi-widow)라고 한다. 한편 자녀들을 미국 등에 조기유학 보낸 이들도 있다. 엄마도 함께 간 경우, 홀로 남아 돈을 벌어 부치는 남편이 기러기 아빠다. 이들 또한 반 홀아비 신세인지라 세미위도우어(semi-widower)라고 한다. 말하자면, semi란 반(半)이란 뜻이다.

암기해야 할 내용

여기에선 오픈(Open) 형태는 효율성이 으뜸임을 알아두자.

뽀글뽀글 단상

오픈이라는 단어를 보니 중학교 1학년 때 배운 「Open the door」라는 문장이 생각난다. 여름방학이 가까워 오는 무더운 여름날, 문을 활짝 열고 수업을 한다면 참으로 효율적이지 않겠는가?

| Easy Memory |

문 열고 하면 효율적인 오픈 형태, 효율적으로 작업할 수 있으니, 효율성이 으뜸이다.

키보드(Keyboard)에 들어가기 전에

워드프로세서에는 4대 장치 즉, 「입력 장치, 표시 장치, 인쇄 장치, 저장(=기억) 장치」가 있다. 그 중 입력장치에 속하는 키보드의 종류는 다음과 같이 분류된다.

* 키의 개수에 따라 101키, 103키, 106키, 109키와 내춰럴 키보드
* 자판의 배열에 따라 한글 2벌식과 3벌식, 영문 QWERTY와 드보락 자판
* 작동 방식에 따라 기계식(미캐니컬) 자판과 멤브레인 자판이 있다.

06 키보드의 원조 101 키보드

암기해야 할 내용

101 키보드란 주로 386 컴퓨터에서 사용되던 것으로 기능키(F11, F12)가 추가되고, 방향키가 분리된 키보드이다.

뽀글뽀글 단상

어릴 때 일이다. 어른들은 「너는 이놈아, 다리 밑에서 주워왔어」라는 말로 아이들을 종종 울리곤 했다. 나이 들어 생각해보니 일리가 있는 말이다. 혹자는 우수개 소리로 「내 고향은 101번지」라고도 한다. 101 번지가 우리 삶의 원조인 것이다. 따라서 101 키보드는 바로 키보드의 원조라 할 수 있다.

그렇다면 원조보쌈집의 특징은 무엇일까? 끝내주는 맛 때문인지 「여기 보쌈 2인분 추가요」라는 말이 들린다.

| Easy Memory |

키보드의 원조 101 키보드의 특징은 말만 원조일까? 아니다. 나름대로 특징이 있으니, 일일이 일리(F11, F12)있게 기능키를 추가하고, 방향키도 분리해 놓은 것이 특징이다.

암기해야 할 내용

103 키보드란 101 키보드에 한/영, 한자 변환키를 추가한 것이다.

뽀글뽀글 단상

103 키보드라는 말에 「03」이 들어 있다니! 「03」하면 모르는 이가 없을 것이다. 전직 대통령의 함자이기도 하니까. 그래서 103 키보드를 「영삼」씨라고 하자.

| Easy Memory |

영삼씨의 한평생 업적은 무엇일까? 그것은 101 키보드에 한/영, 한자 변환키를 추가한 것이다.

암기해야 할 내용

106 키보드란 103 키보드에 Windows 단축 메뉴 호출키와 시작 메뉴 호출키 2개가 추가된 키보드이다.

뽀글뽀글 단상

세상에는 시샘도 많다. 이로 인해 세상은 또한 발전해 가기도 한다. 우리나라 사람들은 성격도 급하다. 일단 공사를 시작하면, 공기를 단축시키려고 난리다. 키보드도 예외는 아니다.

제목에서 「욕심부린」의 욕은 106의 6을 말한다.

| Easy Memory |

욕심 부린 106 키보드, 03씨 업적에 뒤질세라 욕심을 부려 단축하기 시작한 키보드.

09 멍청한 영구의 109 키보드

암기해야 할 내용

109 키보드란 106 키보드에 Sleep, Wake up, Power 키가 추가된 것이다.

뽀글뽀글 단상

109 키보드라는 말에 「09」가 들어 있다니! comedy 프로에서 멍청한 영구를 하도 많이 보아온 터라 「09」(영구)하면 모르는 이가 없을 것이다. 늘 잠자는 듯한, 힘 못 쓰는 듯한, 그의 모습이 어른거린다.

요즈음은 comedy도 수준급이 되어, 가끔은 즐겨보지만 옛날에는 왜 그렇게 바보짓을 해서 웃겨야만 했는지? 씁쓸한 마음이 들 때가 많았다.

| Easy Memory |

10 자! 씻고 모두 식사합시다

암기해야 할 내용

한글 2벌식 자판이란 한글 3벌식 자판, 영문 QWERTY 자판, 드보락 자판과 더불어 자판의 배열에 따라 분류된 자판의 이름으로 자음(19개) 한 벌과 모음(14개) 한 벌로 구성(총 33개)되어 있으며 공업진흥청에서 정보 처리용으로 지정한 자판이다. 또한 한글 표준 자판으로 사용되고 있으며 3벌식에 비해 글자 수가 적어 쉽게 익힐 수 있다.

뽀글뽀글 단상

한글 2벌식 자판에서 꼭 알아두어야 할 내용은 「자모음이 각각 몇 개 인가?」이다. 자음 19개를 「자! 씻고」로, 모음 14개를 「모두 식사합시다」로 한글 2벌식 자판을 떠올리기 위해 「2시간이나」로 시작해보자.

11 뜻깊은 한글날 3번씩이나

암기해야 할 내용

한글 3벌식 자판은 자음(14개) 한 벌, 모음(17개) 한 벌, 받침(21개) 한 벌로 총 글자 수 52개로 구성되어 있으며 입력 속도가 2벌식에 비해 빠르고 인체 공학적으로 만들어진 자판이라 피로가 적지만 자판을 익히는데 많은 시간이 걸린다는 단점도 있다.

뽀글뽀글 단상

한글 3벌식 자판은 3벌식이란 말이 있는 것을 보니 「자음, 모음, 받침」으로 구성되어 있다는 것을 일견하여 알 수 있다. 하지만 각각 몇 개로 구성되어 있을까? 개수와 관련지으려 하니 잔머리 굴리기가 쉽지 않은 게 흠이다. 그래도 노력은 해보자.

조금은 불행하게도 세상에는 주는 것 없이 얄미운 사람이 있다. 이런 사람을 같은 식당에서 만나 그것도 하루에 3번씩 식사를 같이해야 한다면 얼마나 고역일까?

자음(14개) 한 벌을 「식사(14)」로, 모음(17개) 한 벌을 「일치(17)」로, 받침(21개)

한 벌을 「이 일(21)」로, 총 글자 수 52개를 「오이(52)」로, 한글 3벌식 자판을 떠올리기 위해 「한글날 세 번씩이나」로 시작해보자.

| Easy Memory |

뜻깊은 한글날 3번씩이나 얄미운 사람과 식사(14)시간이 일치(17)하다니 이 일(21)을 어찌할꼬! 오늘은 오이나 먹고 때워야겠다.

12 꿔온 티가 물씬 나는 영문 쿼티 자판

암기해야 할 내용

영문 QWERTY 자판은 영문 표준 자판으로 사용된다. 왼쪽 상단의 영문 자판의 순서를 따서 붙여진 이름으로 우리 식으로는 영문 쿼티 자판이라고 부르면 된다.

뽀글뽀글 단상

영문자판 맨 윗줄의 철자를 좌에서 우로 차례로 나열해보면 qwerty라는 말이 된다. 영문자판에서 이름을 꿔온 티가 남을 금방 알 수 있다.

| Easy Memory |

꿔온 티가 물씬 나는 영문 쿼티 자판, 꼴에 영문 표준 자판으로 사용된단다.

13 | 잘 드려다 보라!

암기해야 할 내용

드보락 자판이란 자주 사용되는 키를 키보드의 「중앙에 배열」하였기 때문에 입력속도가 빠른 자판을 말한다.

뽀글뽀글 단상

드보락이란 말을 보는 순간 「드려다 보라!」는 우리말이 떠오른다.

잘 드려다 보라! 그러면 드보락 자판은 자주 사용되는 키를 키보드의 「중앙에 배열」하였기 때문에 입력속도가 빠른 자판임을 알 수 있다.

14 | 뇌를 많이 쓴 멤브레인 자판

암기해야 할 내용

멤브레인 자판은 기계식 자판과 더불어 작동 방식에 따라 분류된 자판이름으로 키를 누를 때, 「딸각」하는 기계소리가 나는 기계식 자판과 달리, key가 부드럽게 눌려지며 가격도 싸다.

뽀글뽀글 단상

세상에 뇌를 쓰지 않고 만든 자판도 있을까? 멤브레인 자판은 특히 뇌를 많이 쓴 자판인가 보다. 브레인이란 말이 붙은 걸 보니.

| Easy Memory |

뇌를 많이 쓴 멤브레인 자판은 key가 부드럽게 눌려지며, 가격이 싸다.

15 | 오! 씨알(OCR), 세상엔 공짜가 없어

암기해야 할 내용

OCR 카드란 손으로 쓴 문자나 인쇄된 문자에 빛의 반사를 이용하여 정보를 판독하는 장치로 전화요금과 같은 공공요금 청구서에 많이 사용된다.

▣ 뽀글뽀글 단상

OCR과 공공요금 청구서를 어떻게 매치시킬까? 월말이 되면 전화요금과 같은 공공요금 청구서 등이 우편함을 가득 메운다. 당연히 내야 하는데도 즐겁지가 않다. 점잖은 체면에 욕은 못하겠고…. 그래서 하는 부드러운 욕, 「오! 씨알」. 듣고 보니 애교스럽다. 공공요금 청구서를 떠올리기 위해 「세상엔 공짜가 없어.」를 이용해보자.

| Easy Memory |

오! 씨알(OCR) 세상엔 공짜가 없어. 공공요금 청구서가 또 나왔네.

더불어 알아두기

OCR 카드를 유식하게 말하면? 광학 문자 판독기(Optical Character Reader)

이참에 「character」가 「문자」라는 뜻임을 알아두자. 그렇다면 「한자(漢字)」를 영어로 하면? 그야 물론 「Chinese character」라고 한다.

OMR 카드를 유식하게 말하면? 광학 마크 판독기(Optical Mark Reader)

컴퓨터용 펜으로 카드에 마크한 정보를 OCR 카드처럼 빛의 반사를 이용하여 판독하는 장치이다. 이참에 「optical」이 「광(光)학의」라는 뜻임을 알아두자.

암기해야 할 내용

미씨알(MICR)이란 자성을 띤 특수 잉크로 인쇄된 문자를 읽어 들이는 입력장치로 수표나 어음, 영수증 등의 판독에 사용되며 변조 위험이 적다. 원래 명칭은 자기 잉크 문자 판독기(Magnetic Ink Character Reader)이다.

뽀글뽀글 단상

여보야, 여보야, 불러도 대답이 없다. 이번엔 자기야! 하고 부른다. 지식에 목마른 아내가 자꾸만 부른다. 그녀가 묻는다. 자기야! 미씨알은 또 뭐야? MICR은 편의상 「미씨알」이라고 부르자.

요즘에는 가짜 수표가 많다고 한다. 이제야 변조 위험 적은 MICR의 고마움을 실감케 된다. MICR이 자기 잉크 문자 판독기임을 떠올리기 위해 「자기야!」를 이용해보자.

| Easy Memory |

자기야! 미씨알(MICR)은 또 뭐야? 자기 수표나 영수증을 판독하는 데 사용하는 거야. 가짜인지 진짜인지.

Check Up-1 제목만 보아도 솔솔 기억이 날까?

암기해야 할 내용

여기에선 디지타이저(Digitizer)가 「도형 입력 장치」임을 알아두는 것을 목표로 삼자.

뽀글뽀글 단상

도형 입력 장치를 떠올리기 위해 「도형」을, 디지타이저를 떠올리기 위해 「뒤지는」을 사용하자.

호시탐탐 남의 사무실을 뒤지는 도둑이 도형이다. 사실, 도둑질도 분수 있게 해야지, 꼬리가 길다 보면 영락없이 철창신세를 지게 된다.

| Easy Memory |

호시탐탐 남의 사무실을 뒤지는 도형은 도형 입력 장치인 디지타이저를 노린다.

암기해야 할 내용

액정 디스플레이(LCD)에서의 요점은 휴대용 노트북 등에 사용되며 속도가 느리다는 것이다. 원어로는 Liquid Crystal Display라고 한다.

뽀글뽀글 단상

노트북이라는 말이 있어 수업 시간을 연상해 보았다. 수업 시간에 잠을 자는 학생들 중에는 노트북에 침을 질질 흘리는 경우도 있다. 그 침은 참으로 서서히 흘러나와 결국 노트를 적시고 만다.

| Easy Memory |

노트북에 느린 속도로 흘러나오는 액은 정말 무엇일까? 침일까? 아니면 액정 디스플레이일까?

잠시 삼천포로 빠지기

연상암기법을 개발한답시고 툭하면 머리를 굴리고 무언가 스쳐가는 아이디어가 떠오르면 잊기 전에 메모하는 버릇이 생겼지만 흡족하지 못함에 늘 목마르다.

난 대학을 졸업한지 10년 만에 서울에 있는 고려대학교 교육대학원에 들어갔다. 모교에도 대학원이 있었지만 고등학교 다니던 시절 고대에 진학하고 싶었던 바람 때문에 그곳을 택한 것이었다.

그 당시 조이스 학회 한국회장을 맡고 계셨던 김종건 교수님이 생각난다. 그분의 학문에 대한 열정은 가히 귀감이 되었다. 몰두하시는 그 모습을 보기만 해도 좋았다. 교수님 말씀이 영국의 대문호 제임스 조이스는 그의 작품 율리시즈를 16개국의 언어를 구사해서 썼다고 한다. 그래서 그를 언어의 마술사라고 한다.

그런데 난 무언가? 난 마치 「말장난을 하기 위해 태어나지는 않았는가?」하는 생각이 든다. 하긴 연상암기법을 연구하여 독자들을 암기 지옥에서 해방시키려고 한다고 위안을 하기도 하지만…….

암기해야 할 내용

입력된 내용을 확인, 편집, 수정할 수 있도록 해주는 표시장치(4가지)는 음극선관(CRT), 액정 디스플레이(LCD), 플라즈마 디스플레이(PDP), 전계 방출형 디스플레이(FED)이다.

뽀글뽀글 단상

뜬금없이 왜 동물들의 영역표시 장치라는 말을 꺼낼까? 이유 없는 무덤이 없다고 하지 않는가. 여기에서 「음」은 음극선관(CRT), 「액」은 액정 디스플레이(LCD), 「플라스」는 플라즈마 디스플레이(PDP), 「전부 방출」은 전계 방출형 디스플레이(FED)를 의미한다.

사실, 무언가를 첫 글자만 따서 암기하면 그것들이 각각 무엇을 나타내는지를 또 알아야 하기 때문에 꽤 번거롭다. 초보적인 방법이라 권하고 싶진 않지만 가끔은 어쩔 수 없는 경우도 있다.

본론으로 들어가서 표시장치의 종류 4가지는 어떻게 외울까? 표시장치에서 표시라는 말을 보니 동물들이 하는 영역 표시가 떠오른다. 영역을 표시할 때 찌리는 그 오줌을 「음한 곳에서 나오는 액」이라 하자.

| Easy Memory |

동물들의 영역 표시장치 4가지는? 음한 곳에서 나오는 액까지 플라스해서 전부 방출하는 장치.

암기해야 할 내용

램(RAM)에서의 요점은 읽고 쓰는 것이 「자유로운 메모리」이고, 전원이 차단되면 저장된 내용이 지워지는 「휘발성 메모리」이며 「보조 기억 장치에 따로 저장」해야 한다는 것이다.

뽀글뽀글 단상

램(RAM)을 떠올리기 위해 기능이 향상된 새로 개발된 램프가 있는데 그 이름을 램이라 가정해보자.

또한 보조 기억 장치에 따로 저장을 위해 「정부에서 보조해주어」를, 휘발성 메모리를 위해 「휘발유」를, 자유로운 메모리를 위해 「자유라고 메모되어 있다」를 이용하자.

| Easy Memory |

정부에서 보조해주어 새로 개발된 램프인 램은, 휘발유를 넣든 경유를 넣든, 자유라고 메모되어 있다.

암기해야 할 내용

램의 종류에는 디램과 에스램 2가지가 있다. 디램에서의 요점은 전원을 끄지 않아도 방전되어 내용이 지워지므로 주기적인 「재충전이 필요하다」는 것이다.

뽀글뽀글 단상

DRAM에서 D가 Dynamic이 「역동적인」임을 알아야 문제가 쉽게 풀린다. 이 단어를 보니, 강의내용은 별로인데 제스처만 역동적이었던 교수님이 생각난다. 쓸데없이 에너지를 그렇게 소비하니, 재충전이 필요함에 틀림없다.

| Easy Memory |

DRAM(디램)이 Dynamic하게 작동하려면 주기적으로 재충전이 필요해.

암기해야 할 내용

캐시 메모리의 임무는 「속도차이 보완」이다.

뽀글뽀글 단상

다른 사람이 쓰기 전에 제일 먼저 쓰는 것을 개시한다고 한다. 속도가 맘에 차지 않는 기계를 개시할 땐, 뭐라고 메모해두면 좋을까? 그야 물론, 「보완하고 개시하라」가 제격이다. 캐시 메모리(Cache Memory)를 「개시」로 대입시켜 보자.

| Easy Memory |

그냥 개시하지 말고, 속도차이 좀 보완하고 개시하라고 메모하라.

23   머리 나빠 메모리 안 되는 사람

암기해야 할 내용

가상 메모리의 임무는 「메모리 확장」이다.

뽀글뽀글 단상

가상 메모리(Virtual Memory)를 「가상」으로 대입시켜 보자.

| Easy Memory |

머리 나빠 메모리 안 되는 사람, 가상도 하구나! 메모리 확장하려고 안간힘을 쓰다니!

저장(기억) 용량 단위 참고

1,024 Byte= 1KB (킬로바이트),   1,024 KByte = 1MB (메가바이트)

1,024 MB = 1GB (기가바이트)   1,024 GB = 1TB (테라바이트)

1,024 TB = 1PB (페타바이트)

24 저장용량 작다고 뛰쳐나온 큰 메기

암기해야 할 내용

저장 용량의 크기 Byte 〈 KB 〈 MB 〈 GB 〈 TB 〈 PB

뽀글뽀글 단상

저장 용량의 크기를 알아보려는데 왜 「저장용량 작다고 뛰쳐나온 큰 메기」라고 제목을 붙였을까? 「메가바이트」와 「기가바이트」라는 말을 보니, 먹음직스러운 메기 매운탕이 생각났기 때문이다. 아마도 출출했었나

보다.

고기잡이를 업으로 하는 사람을 어부라 하는데, 내륙에서는 강에서 물고기를 잡을 수 있는 어업권이라는 게 있다. 어업권이 있는 사람만 합법적으로 고기를 잡을 수 있는 것이다. 이들이 메기를 잡게되면 잡은 메기를 수족관에 넣는다.

이때, 수족관의 물의 양 즉, 「저장용량」이 작으면, 죽을 수도 있다는 것도 모르고, 겁 없이 밖으로 뛰쳐나온다. 뛰쳐나온 큰 메기는 피를 흘리기도 한다. 넋두리는 그만하고, 「저장 용량이 작은 것에서 큰 순」으로 어떻게 외울까?

문자표현의 최소단위인 Byte가 가장 작다는 것은 상식이니, 킬로바이트부터 적용해보자. KB는 큰, MB와 GB는 메기, TB는 테라스, PB는 피비린내로.

| Easy Memory |

(수족관의) 저장용량 작다고 뛰쳐나온 큰 메기 테라스에서 피를 흘리니 피비린내가 난다.

25 　3-6-9 게임의 속도를 내려고

암기해야 할 내용

처리 속도가 느린 것에서 빠른 순(順) ms 〈 μs 〈 ns 〈 ps 〈 fs 〈 as

뽀글뽀글 단상

「처리 속도가 느린 것에서 빠른 순」으로 어떻게 외울까? 속도의 정도를 나타내는 10^3, 10^6, 10^9..의 첨자를 보니, 「삼육구 삼육구」를 경쾌하게 외치면서 진행하는 3-6-9 게임이 생각났다.

3-6-9 게임을 해본 적이 있는가? 물론 이 게임은 속도가 빠를수록 재미있다. 소문에 의하면 3-6-9 게임에 열중한 나머지, 평소에 코피 잘 터지기로 유명한 펨토와 아토씨는 코피가 터졌다고 한다.

밀리초는 미리, 마이크로초는 마이크로, 나노초는 나누다, 피코초는 코피, 특히 펨토초는 펨토, 아토초는 아토로 의인화하자.

| Easy Memory |

3-6-9 게임의 속도를 내려고, (그룹을) 미리 마이크로 나누다, 코피 터지는 펨토와 아토씨. 가엽기도 하여라.

26 | 마음 놓고 섹시한 부채춤을 출 수 있도록

암기해야 할 내용

「한 개의 트랙을 부채꼴 모양으로 나누어 놓은 구역」을 섹터(Sector)라고
한다.

뽀글뽀글 단상

「부채꼴」이라는 말을 보니 부채춤이 떠오른다. 예술의 전당에서 우아
하게 추는 부채춤은 찬사를 보내기에 부족함이 없을 만큼 아름답다. 그
러니, 차원이 한참 낮은 Sexy하게 추는 부채춤을 예술의 전당에서 추게
할 수는 없다.

구역을 따로 나누어 놓아야 하지 않겠는가? 섹터를 떠올리기 위해 섹
시를, 부채꼴 모양을 위해 부채춤을 이용해보자.

| Easy Memory |

마음 놓고 섹시한 부채춤을 출 수 있도록, 부채꼴 모양으로 나누어
놓은 구역을 섹터(Sector)라고 한다.

27 트럭에 실린다! 실려!

암기해야 할 내용

「여러 장의 디스크에서 동일 선상에 위치한 트랙들의 집합」을 실린더
(Cylinder)라고 한다.

뽀글뽀글 단상

디스크를 실은 자동차 레이스에서 땅! 하는 총소리에 출발이라도 하려
는 듯, 동일한 선상에 트럭들이 집합해 있다.

트랙에서 「트럭」을, 실린더에서 「실린다」를 유추해보자.

| Easy Memory |

동일한 선상에 트럭들이 집합해 있다. 이윽고, 트럭에 디스크가 실
린다! 실려!

28 하나로 묶은 것을 마음대로 클러서는 안 된다

암기해야 할 내용

클러스터(Cluster)란 디스크에서 영역을 효율적으로 관리하기 위해 「포매
팅에 의해 만들어 진 여러 개의 섹터를 하나로 묶은 단위」이다.

클러스터가 여러 개의 섹터를 하나로 묶은 단위라는 말을 보는 순간 마음대로 「묶은 것을 클러서는 안되겠구나」하는 생각에 이른다. 일단, 클러스터(Cluster)의 클러스는 「클러서」로, 터는 「터진다」로 간주하자.

| Easy Memory |

섹시한 여러 개의 섹터를 하나로 묶은 것을 마음대로 클러서는 안된다. 터지는 수가 있기 때문이다.

29 난 CD계의 원조 CD-ROM이다

암기해야 할 내용

CD-ROM에서 알아둘 내용은 무엇인가? 650MB 이상의 대용량 저장 매체이고, 한 면에만 데이터를 저장할 수 있고, 읽는 것만 가능하고, 나선형 트랙을 사용한다는 것이다. 원명은 Compact Disc-Read Only Memory이다.

컴맹도 CD-ROM이라는 말은 들어봤을 것이다. 내용들을 빠짐없이 엮어보자. 나선형 트랙을 「나선」으로 대입하기로 하자.

| Easy Memory |

난 CD계의 원조 CD-ROM이다. CD계에 나선지도 어언 650년이 넘다 보니, 고물이 다된 느낌이다. 겨우 한 면에만 데이터를 저장할 수 있고, 읽는 것만 가능하다고 얕보는 이가 있구나.

30   Back만 잘하는 벌레 같은 CD

암기해야 할 내용

WORM (Write Once Read Memory) CD란 이름에서도 알 수 있듯이, 데이터를 한 번 기록할 수 있고, 일단 기록하면 CD-ROM처럼 읽기만 가능하다. 또한 이것을 CD-R(Compact Disc Recordable)이라고도 한다.

뽀글뽀글 단상

여기에선 WORM CD의 용도가 「많은 양의 데이터를 백업할 때 사용한다」에 대해서만 기억하기로 하자. 「worm」은 「벌레」라는 뜻이다. 등신같이 전진은 못하고 Back만(뒷걸음질만) 할 줄 아는 벌레(worm)를 상상해보자. 그리고 WORM CD를 떠올리기 위해 「벌레 같은 CD」를 사용하자.

| Easy Memory |

Back만 잘하는 벌레 같은 CD도 한 가지 재주는 있으니, 많은 양의 데이터를 백업할 때 사용한다.

암기해야 할 내용

기억 장치의 처리 속도는 다르다. 빠른 순서대로 배열하면 다음과 같다.
(빠름〉느림) 레지스터 〉 캐시메모리 〉 주기억장치 〉 보조기억장치

뽀글뽀글 단상

레지스터를 「레지」로, 캐시메모리를 「개시」로, 보조기억장치를 「보조」로 대입시켜 보자.

| Easy Memory |

어떤 기억장치의 처리속도가 더 빠르지? 레지! 레지가 먼저 개시해 봐. 주기억장치의 보조를 받아서. 그러면, 어떤 기억장치의 처리속도가 더 빠른지 알 수 있어.

암기해야 할 내용

보조기억 장치의 처리 속도 순서는 다음과 같다.
자기드럼 〉 하드디스크 〉 광디스크 〉 플로피 디스크 〉 자기 테이프

31에서 살펴본 것처럼 보조기억장치가 가장 느리고, 느린 놈들 가운데 그나마 제일 빠른 것은 자기 드럼이고, 진짜 한심하게 느린 놈은 자기 테이프이다.

찬물 마시는 데도 위아래가 있듯이 보조기억 장치의 처리속도에도 위아래가 있다. 하드디스크를 「하도」로 광디스크를 「광고」로 대입시켜 보자.

| Easy Memory |

느려터진 보조기억 장치의 처리 속도에도 위아래가 있다. 자기드럼이 가장 빠르다고 하도 광고를 하니, 풀이 죽은 플로피 디스크는 아예 자기 입을 테이프로 봉해버렸다.

33 우리 형편에 DVD는 사치야, 사치!

암기해야 할 내용

뛰어난 화질과 완벽한 입체 음향의 구현이 가능한 DVD는 4.7GB ~17GB의 데이터를 저장할 수 있고, CD-ROM과는 달리 양면에 데이터를 기록할 수 있는 차세대 영상 기록 매체이다.

요즘에는 DVD(Digital Video Disk)를 많이 사용하고 있어서, DVD가 무엇인지는 익히 알고 있다. 여기에서 좀 생소한 것은, 데이터를 얼마나 저장할 수 있느냐? 이므로, 이점에 특히 신경을 곤두세워보자.

「DVD의 용량이 4.7기가바이트(GB)~17기가바이트(GB)」에서 4.7을 「사치」로, 17을 「일치」로 기가바이트는 「기가 막혀서」로 접근해 보자.

| Easy Memory |

우리 형편에 DVD는 사치야, 사치! 우리 형편에 DVD는 사치라고? 기가 막혀서. 이제야 의견이 일치한다. 우리도 이젠 차세대처럼, DVD를 양쪽(양면)에 끼고 다니자.

2장
워드프로세서의 기능 및 용어

34-72

암기해야 할 내용

Tab의 종류는 다음과 같다. 왼쪽 탭, 오른쪽 탭, 가운데 탭, 소수점 탭, 점끌기 탭.

뽀글뽀글 단상

탭이란 말을 보니, 경쾌하게 step을 밟는 탭댄스가 생각난다. 점이 많기로 유명한 탭댄스 도사인 오 가수를 연상하자.

「점끌기 탭」에서 「점」을, 「왼쪽 탭, 오른쪽 탭, 가운데 탭, 소수점 탭」에서 「왠 오가수」를 이용해보자.

| Easy Memory |

오 가수가 개발한 탭은 다섯 가지. 그건 바로 왠 오가수 점끌기 탭이다.

35 　어라, 또 그렇게 되네!

암기해야 할 내용

토글키(Toggle Key)란 하나의 키로 두 가지의 기능을 수행하며, 키를 누를 때마다 상태가 전환되는 키를 말한다.

【종류】 – 한/영 ⌨Insert ⌨Caps Lock ⌨Num Lock ⌨Scroll Lock

뽀글뽀글 단상

어느 컴맹이 심심해서 한/영키를 눌러보았다. 한번 누르니 한글 키가 작동되고, 또 누르니 영문키가 작동되었다. 계속 눌러보니, 계속 그렇게 전환되었다. 그래서 생긴 말, 「어라, 또 그렇게 되네」

| Easy Memory |

「어라, 또 그렇게 되네」 그때서야 그는 깨달았다. 그런 키를 토글키라고 한다는 것을.

36 조합을 잘하는 학생들은

암기해야 할 내용

조합키란 말 그대로 다른 키와 조합이 되어야 특수한 기능을 수행하는 키다.

【조합키의 종류】 – Shift Ctrl Alt

뽀글뽀글 단상

조합키는 「조합」으로, 쉬프트(Shift)는 「쉬도록」으로, 올터(Alt)는

「옳다」로 대입해보자.

이번 수학시간에는 조합에 관한 내용을 다루는데, 이미 그 내용을 잘 이해하는 학생들이 있다. 이들을 어떻게 할까? 의견을 물어보자 다음과 같이 대답했다.

| Easy Memory |

조합을 잘하는 학생들은 실컷 쉬도록 컨트롤하는 것이 옳다고 봅니다. 그렇다면 그들은 누구누구지? 바로 조합키 멤버인 [Shift] [Ctrl] [Alt]입니다.

37 뜨거운 거 그냥 먹다간, 수명을 단축케 한다

암기해야 할 내용

[Ctrl]+[C](복사하기), [Ctrl]+[V](붙이기), [Ctrl]+[X](잘라내기)와 같은 키로, 자주 사용되는 기능을 빠르게 실행하고 싶을 때 사용한다.

뽀글뽀글 단상

컴맹 수준을 조금만 벗어나도, 복사해서 붙이기 정도는 할 줄 안다. 이 때 단축키를 사용해야 편리하다는 것도 알고 있다. 여기에선, 단축키를 영어로 「Hot Key」라고 하는 데만 신경을 쓰자.

우리 입맛은 왜 그럴까? 뜨거운 음식을 먹으면서도, 시원하다며 잘도 먹는다. 뜨거운 거 잘 먹는다고 상을 받는 것도 아닌데…. 하긴, 나도 순두부나 감자탕을 먹다 입천장을 데곤 한다.

| Easy Memory |

「뜨거운 거 그냥 먹다간 수명을 단축케 한다」 그래서 단축키를 Hot Key라고 하는가보다.

38 한글도 코드가 맞는 게 있다

암기해야 할 내용

한글 코드에는 3가지 즉, 조합형 한글, 완성형 한글 KS×1001, 유니코드 KS×1005-1이 있다.

뽀글뽀글 단상

소위, 코드가 맞는 사람들끼리 모여 놀면, 마음이 편하다고들 한다. 그래서 끼리끼리 놀게 마련이다. 사람만이 아니라, 한글도 코드가 맞는 게 있다. 여기에선 3가지 종류가 무엇인지에 대해 신경써보자.

조합형 한글은 조합으로, 완성형 한글은 완성으로, 유니코드는 「윤이 나는 코드」로 연결해보자.

| Easy Memory |

한글도 코드가 맞는 게 있다. 한글 코드도 잘만 조합해서 완성하면 윤이 나는 코드가 된다.

39   드디어 완성했다는 정보교환이 있었다

암기해야 할 내용

완성된 각각의 글자마다 코드를 부여하는 방식으로 정보 교환용 코드로 사용되는 것이 「완성형 한글 KS×1001」이다. 이와는 달리, 조합형 한글은 정보 처리용 코드로 사용된다.

뽀글뽀글 단상

완성형 한글은 정보 「교환용」 코드로, 조합형 한글은 정보 「처리용」 코드로 사용된다는 점에 유의하자.

| Easy Memory |

드디어 완성했다는 정보교환이 있었다. 어렵게 한글을 조합 처리해서.

40   한글은 이삼오(235) 짓고, 뻑(O)이라 쉬운데

암기해야 할 내용

「완성형 한글 KS×1001 코드의 문자수」를 익히기 위해, 타이틀을 위와 같이 했다. 이 코드의 문자수는 아래와 같다.

* 한글 2,350자   * 한자 4,888자

* 특수 문자 1,128자   * 미지정 문자 282자

* 사용자 정의 188자

뽀글뽀글 단상

세상에! 살다보니 별난 것을 다 암기해야 하는구나! 자! 그럼 완성형 한글 KS×1001 코드의 문자수를 정복해보기로 하자.

헌데, 도박(gambling) 경험이 없는 사람은 「이삼오 짓고, 뻑이라」라는 말을 이해하지 못할까 걱정이다. 이 말은 2, 3, 5를 합하면 0이 된다는 뜻이다.

| Easy Memory |

한글은 이삼오(235) 짓고, 뻑(0)이라 쉬운데, 한자는 어려워 죽겠다고(4) 팔팔팔(888) 뛴다. (머리도 아프니) 특수 문자는 일일이(112) 내다팔(8)고, 미지정 문자는 이 팔이(282) 알아서 지정할 테니, 사용은 일(1)단 팔팔(88)할 때 해보자.

41 과연 눈부실 정도로 윤이 나오, 유니코드

암기해야 할 내용

유니코드는 미국의 컴퓨터 업체들이 제창한 코드체계로서 세계 각국의 문자를 표현할 수 있는 코드이다.

여기에선 「유니코드 KS×1005-1」이라는 명칭을 아는데 초점을 두자. 「유니」에서 윤이 난다. 유니코드에 숫자 5가 있으니, 「윤이 나오」로 하자.

| Easy Memory |

「세계 각국의 문자를 표현할 수 있도록 한 코드 체계」라 그런지 과연 눈부실 정도로 윤이 나오. 그래서 세상 사람들은 이를 유니코드라 한다. 역시, KS규격인 유니코드는 넘버원(유니코드 KS×1005-1)이야.

42 노상 사용하는 그라서리까의 뜻은?

암기해야 할 내용

노상 사용하는 상용구를 글라서리(Glossary)라고 한다.

뽀글뽀글 단상

노상이란 말은 「늘, 언제나」라는 뜻이다. 어느 지방 사투리인 줄은 알 수 없으나 노상 「그라서리까」라는 말을 사용하는 사람이 있다. 혹자는 이를 「그라서라므네」라고 표현하기도 한다. 물론 「그러니까」라는 뜻이다. 그래서 글러서리를 떠올리기 위해, 「그라서리까」를 활용해보자.

뽀글뽀글 斷想 Easy Memory

43 독하디 독한, 워드프로세서 파일의 확장자

암기해야 할 내용

컴맹에 가까운 사람들은 「파일 이름 뒤에 붙어, 파일의 저장형식과 의미를 알 수 있게 해주는 확장자」라는 용어에서 질릴 수도 있다. 그렇지만 힘을 내보자.

뽀글뽀글 단상

DOC은 독일식으로 발음하여 「독」으로, 다음의 HWP의 H(한)와 연결하기 위해 「독한」으로 하자.

그렇다면 DOC, HWP가 워드프로세서 파일과 관계가 있음을 어떻게 나타낼까? 어렵게 생각할 필요가 없다. 이유인 즉, H 다음에 W가 알아서 이어지기 때문이다.

| Easy Memory |

독하디 독한, 「워드프로세서 파일의 확장자」는 바로 DOC. HWP이다.

암기해야 할 내용

여기에선 RTF에 대해 알아보자. RTF란 「응용 프로그램간의 문서 호환을 위해 만든 파일」이다.

뽀글뽀글 단상

작전상 「호환」을 멍청한 사람 이름이라고 보자. 그리고, 「RTF」를 「알 택이 없는 파일」로 대입시켜보자.

| Easy Memory |

호환이는 알 턱이 없는 파일인, 알택파일(RTF)은 호환이를 위해 만든 파일 형식이다.

암기해야 할 내용

동영상 파일의 확장자엔 「AVI, MOV, MPG, MPEG」가 있다.

보기만 해도 끔찍하다. 누가 컴 문명을 발달시켜, 이토록 뇌를 쓰게 하였는가? 어느 날 아비가 움직이는 동영상을 몇 페이지 만들어, 동영상 파일에 저장하고 싶었다. 컴맹을 갓 벗어난 아비가 동영상 파일의 확장자를 몰라 애를 태우고 있을 때, 컴 도사 아들이 나타난다.

AVI는「아비」로, MOV는 moving으로 간주하여「움직이는」으로, MPG는「몇 페지」로, MPEG는「몇 페이지」로 대입해보자.

| Easy Memory |

아들아! 동영상 파일 확장자엔 어떤 것이 있니? 아빠 말씀 중「아비가 움직이는 동영상을 몇 페지 만들고 싶어, 몇 페이지 말이야」에 다 들어 있어요. 그러니까 좀 유식하게 말하자면 AVI, MOV, MPG, MPEG이지요.

46 작업 주도하는 이, 눈 커

암기해야 할 내용

여기에서 알아둘 것은 작업 화면에 관해서이다. 작업 화면은 아래처럼 6가지로 구성되어 있다.

* 주메뉴(Main Menu)
* 도구상자
* 눈금자(Ruler)
* 커서(Cusor)
* 상황 표시선(Status Line)
* 스크롤 바(Scroll Bar)

언제부터인가 TV 오락프로그램을 보면 「벌써 작업 들어가는 겁니까?」 하는 멘트가 나온다. 처음에는 무슨 말인지 몰랐다. 이성간에 데이트할 준비를 갖추는 것을 그렇게 부르는 모양이다.

작업을 주도하는 이의 눈이 커서, 보기에도 상스럽지 않은 매력적인 사람이 그런 작업을 하는 모습을 화면에 떠올려 보자. 작업화면 구성요소 6가지에 대한 용어는 익숙하리라고 본다. 그래서 차례대로 머리글자만 따서 연결해 보기로 한다.

| Easy Memory |

작업 주도하는 이, 눈 커, 상스럽지 않으니 작업화면 맘에 든다.

47 낫 놓고 기역자도 모른다는 말이 있다

암기해야 할 내용

격자(Grid)란 그림을 그릴 때, 정확한 간격을 맞추어 세밀한 편집을 할 수 있도록 「편집 화면에 보이는 가로와 세로의 작은 점」을 말한다.

뽀글뽀글 단상

격자를 Grid라고 한다는 것과 작은 점이라는 데 초점을 맞추어보자. 격자를 「기역자」로, Grid(그리드)를 '그렇게도'를 의미하는 「그리도」로 하자.

낫 놓고 기역자도 모른다는 말이 있다. 이런 사람은 기역자를 쓰는 게 아니라 그린다고 하는 게 어울릴 것이다. 그리도(그렇게도) 가르쳐 주었건만….

48 터도 잡기 전에 지면, 「내일 아웃」당한다

암기해야 할 내용

레이아웃(Layout)이란? 문서 작성에서 본문의 표제, 표, 그림 등을 페이지의 적당한 위치에 균형 있게 배치하는 기능이다. 일명 터잡기 또는 지면배정이라고 한다.

뽀글뽀글 단상

천신만고 끝에 얻은 일자리인데 본문의 표제, 표, 그림 등을 페이지의 적당한 위치에 「터 잡아주는 기능」도 모르니, 터도 잡기 전에 내일 아웃 당할 것이 불을 보듯 뻔하다.

레이아웃(Layout)을 우리말로 「터잡기」라고 한다는데 유념하자. 지면배정을 이기면, 지면 할때의 「지면」으로, 레이아웃을 유사음인 「내일 아웃」으로로 대입해본다.

| Easy Memory |

터도 잡기 전에 지면, 내일 아웃 당한다. 본인의 후임자라도 잘하게 본문의 표제(표, 그림) 터나 잘 잡아주고 떠나자.

49 위지 위? 아래지 아래?

암기해야 할 내용

위지윅(WYSIWYG)이란? 「What You See Is What You Get」의 약자로 「화면에 보이는 대로 출력 결과를 얻는 기능」을 말한다. 따라서 보다 효과적인 편집이 가능하다.

뽀글뽀글 단상

출력물이 나올 때마다 이것이 화면의 윗부분에서 나온 건지, 아랫부분에서 나온 건지 몰라서 툭하면 「위지 위? 아래지 아래?」라고 묻는 이가 있다. 걱정도 팔자인 것이다. 화면에 보이는 대로 출력물이 나오니 걱정할 필요가 없다. 여기에선 위지윅이라는 용어에 대해서만 신경 쓰자. 위지윅을 유사음인 「위지 위?」로 연상해보았다.

| Easy Memory |

위지 위? 아래지 아래?가 아니라 위지윅이라 한다. 악센트 한번 강하다.

암기해야 할 내용

「래그드(Ragged)」란 '누덕누덕한, 손질을 하지 않은'이라는 뜻으로 「문서의 한쪽 끝이 정렬이 안된 상태」를 말한다.

뽀글뽀글 단상

물건을 정리 정돈하는데도 세대차이가 있는 것 같다. 제대로 해놓지도 않고 다 했다고 하니 말이다.

컴퓨터 작업에서도 예외는 아니다. 편의상 「래그드」를 어순을 바꾸고 좀 변형해서 「그래도」라고 해보자.

| Easy Memory |

그래도 잘했다고 뻑뻑 우긴다. 「문서의 한 쪽 끝이 정렬이 안된 상태」인데도, 「래그드」라는 용어나 제대로 알면서 우기면 밉지나 않지.

임시로 밥 퍼 넣기에 좋은 곳

암기해야 할 내용

버퍼(Buffer)란 문서 편집 중 특정 값이나 문자를 일시적으로 보관하는 임시 기억장소이며, 클립보드(Clipboard)란 더 나아가서 버퍼와 같은 기능으로 문자뿐만 아니라 소리, 그림과 같은 영상 자료도 보관할 수 있는 임시 기억장소이다.

뽀글뽀글 단상

「버피와 클립보드는 모두 임시 기억장소」이다. 그래서 도매금으로 묶어서 연구해보기로 하자. 버퍼와 클립보드를 보는 순간 배고팠던 시절, 큰 입으로 마구 퍼먹던 모습이 떠오른다. 「버퍼」는 「밥 퍼」로 「클립보드」는 「큰 입보다」로 대입시켜보자.

| Easy Memory |

【Quiz 1단계】

Q: 엄마는 밥을 퍼서 어디에 넣는가?

A: 밥그릇이요.

【Quiz 2단계】

Q: 그렇다면 밥그릇이 없는 경우, 임시로 밥 퍼 넣기에 좋은 곳은?

A: (갸우뚱, 갸우뚱) 도저히 알 수 없어요. 한용운? 아! 알겠다. 임시로 밥 퍼 넣기에 큰 입보다 더 좋은 곳은 없어요. 「큰 입보다」에는 영상자료도 넣을 수 있으니 꼭 기억하자.

김밥을 랩으로 싸듯이

암기해야 할 내용

워드랩(Word Wrap)이란 문단의 정렬 과정 중, 줄의 끝에 있는 영어 단어가 다음 줄까지 이어질 때, 단어를 자르지 않고, 다음 줄로 넘겨 보기 좋고 깔끔하게 단어파악을 쉽게 할 수 있는 기능이다.

뽀글뽀글 단상

옛날에는 영어 단어가 다음 줄까지 이어질 때 하이픈을 사용했다. 그래서 단어가 깔끔해 보이지 않았다. 「워드랩」이란 용어를 보니, 김밥을 쌀 때 사용하는 랩(wrap)이 떠오른다.

| Easy Memory |

김밥을 랩으로 싸듯이, 줄 끝의 워드를 잘라지지 않게, 랩으로 싸야지. 참 기특하기도 하다. 워드랩이란 용어는 누가 만들었는지?

이참에 영어 한마디

Please, wrap them as a gift. (선물처럼 싸주세요.)

53 영문도 모르는 사이에

암기해야 할 내용

영문 균등(Justification)이란 워드랩 등으로 생긴 공백을 처리하기 위해 「단어와 단어 사이의 간격을 균등 배분함으로써」 전체 길이를 맞추고 균형을 유지하기 위한 기능이다.

뽀글뽀글 단상

「영문 균등」이란 말을 보고 왜 뚱딴지같이 「영문도 모르는 사이에」라는 말이 떠올랐을까? 「우는 놈도 다 속이 있어 운다.」고 하지 않는가?

균등을 뜻하는 Justification을 쉽게 떠올리도록 해보자. 잠깐(만)! 이라고 할 때, 'Just a moment [minute, second].'라고 한다. 그래서 Justification의 앞부분 Just를 활용하기로 하자.

| Easy Memory |

잠깐!

마술을 부리는 걸까? 영문도 모르는 사이에 단어와 단어 사이의 간격이 균등하게 되었네. 마치, 영문균등이란 말을 알려주기라도 하려는 듯.

54 | 절대 행해선 안 되는 것

암기해야 할 내용

금칙 처리란 '행의 처음이나 마지막에 올 수 없는 문자나 기호'를 말한다.

뽀글뽀글 단상

금칙 처리가 '행의 처음이나 마지막에 올 수 없는 문자나 기호인지?' '문단의 처음이나 마지막에 올 수 없는 문자나 기호인지?'를 구분해야 하는 문제가 출제된 적이 있다. 어떻게 구분하면 전혀 혼동되지 않을까?

| Easy Memory |

금칙 처리란 「절대 행해선 안 되는 것」이므로, 「행의 처음이나 마지막에 올 수 없는 문자나 기호」를 말한다.

55 | 조기서 판다. 기가 막힌 것!

암기해야 할 내용

조판 기능이란 본문의 내용과 상관없이 문서의 상단이나 하단에 따로 설정한 구역으로 「미주, 각주, 머리말, 꼬리말」 등이 있다.

뽀글뽀글 단상

여기에선 조판기능에는 어떤 것들이 있는지에 대해 신경 쓰자. 조판 기능을 「조기서 판다. 기가 막힌 것」으로, 「미주, 각주, 머리말, 꼬리말」을 「미각을 돋우는 머리 꼬기」로 하자.

| Easy Memory |

조기서 판다. 기가 막힌 것! 그게 뭔데? 미운 사람 떡 하나 더 준다는 말도 있으니 알려주지. 미각을 돋우는 머리 꼬기.

56 「미주아리」가 몸의 맨 뒤에 있듯이

암기해야 할 내용

미주(Endnote)란 문서에 나오는 문구에 대한 보충 설명들을 「본문과 상관없이」 「문서의 맨 뒤에 모아서」 표기하는 것이다.

뽀글뽀글 단상

「미주」를 보니 미주아리가 생각난다. 「미주아리」가 빠진다는 말을 들어본 적이 있는가? 그놈이 어디에 있는지는 다 알 것이다.

| Easy Memory |

「미주아리」가 몸의 맨 뒤에 있듯이 미주는 문서의 맨 뒤에 모아서

note 해놓은 보충설명이다. 그래서 미주를 Endnote라고 한다.

57 보일러 보증 문서의 일부분에

암기해야 할 내용

보일러 플레이트(Boiler Plate)란 「문서의 일부분에 주석, 메모 등을 표시하기 위하여 따로 설정한 구역」을 말한다.

뽀글뽀글 단상

「보일러 플레이트」란 말을 보니, 난방기구인 「보일러」가 생각난다. 그런데 보일러는 대개 주석으로 만들어지며 새 보일러를 구입하면, 보일러 보증문서도 딸려온다.

| Easy Memory |

보일러 보증 문서의 일부분에 「이 보일러는 주로 주석으로 제조되었다」고 메모되어 있었다.

암기해야 할 내용

디폴트(Default)란 전반적인 규정이나 서식 설정, 메뉴 등 이미 갖고 있는 값으로 기본값 또는 표준값이라 하며 사용자가 특별히 지정하지 않는 한, 자동으로 지정되며 문서 작성 중에도 디폴트 변경이 가능하다.

뽀글뽀글 단상

테니스에서 「폴트(fault)」란 서브를 잘못 넣었을 때 쓰는 말이다. 아무거나 「다 폴트」라고 하면 안 된다. 전반적인 규정을 잘 알아야 한다. 워드에서도 마찬가지다.

「디폴트」란 용어를 보니 문득 「폴트」란 말이 떠올라 해본 소리이다. 여기에선 「디폴트」를 「기본값」이라고 하는데 초점을 두자.

| Easy Memory |

아무거나 다 폴트라고 하면 안된다. 「다 폴트」에서 점하나를 빼어 디폴트라고 해야 한다. 전반적인 규정이 이러니저러니 하기 전에 기본은 알고 있어야 제값을 한다.

암기해야 할 내용

비트맵(Bitmap)이란 글꼴(Font)의 구현 방식 중의 하나로 「점으로 글꼴을 표현한 방식」이라 글자체가 매끄럽지 못하고 확대하면 울퉁불퉁한 계단형으로 표시된다.

뽀글뽀글 단상

만약 얼굴에 점이 있다면 보기에 어떨까? 피부가 매끄럽지도 못하고 울퉁불퉁할 것이다. 그렇다면 마음에 거슬리는 점이 있으면 어떻게 할까?

어릴 때는 툭하면 손등에 사마귀가 생겼다. 비 오던 어느 날, 처마 밑에 서서 그 사마귀가 없어질 때까지 못살게 비틀었는데 며칠 뒤에 보니, 마치 새끼라도 친 듯, 손등이 온통 사마귀로 덮여 있던 기억이 난다.

비트맵을 「비트는 맛」으로, 「점으로 글꼴을 표현한 방식」을 떠올리기 위해 「점」을 이용해보자.

| Easy Memory |

오징어는 씹는 맛 「점」은 비트는 맛

【Quiz】「Bitmap」이란 단어는 어디에 「점」이 있지요?

바로 두 번째 철자 「i」에 점이 있습니다.

60 | 죽은 척 매미처럼 붙어있는 첨자문자

암기해야 할 내용

첨자문자란 전각문자를 ¼ 축소한 문자로, 「수학식, 화학식」등에 사용된다.

뽀글뽀글 단상

첨자문자는 전각문자의 4분의 1 크기이다. 「4」분의 1 크기에서 흔히 4는 죽을 死라고 하니, 「죽은 척」을 떠올려보자.

| Easy Memory |

죽은 척 매미처럼 붙어있는 첨자문자는 전각문자의 ¼ 축소문자, 갑자기 수학 공부하니?

61 | 장 불평 없이

암기해야 할 내용

장평이란 글자의 「가로 : 세로의 비율」로, 글자의 크기는 그대로 유지하면서 글자의 「가로 폭을 줄이거나 늘려서」, 글자의 모양에 변화를 준다.

뽀글뽀글 단상

장평이라는 말을 보니 언제나(=장) 불평 없이 하라는 대로 일 잘하는
「장평」이가 생각난다. 장평을 「장 불평 없이」로, 가로 폭을 「가라면」으로
대입시켜보자.

| Easy Memory |

장 불평 없이 「가라면 가고, 오라면 오는」은 아니고, 글자의 가로
폭을 줄이라면 줄이고, 늘이라면 늘려서, 글자의 모양에 변화를 주
는 이는 장평이다.

62 「연속적으로 충격을 주어 KO 시키는」 연속용지

암기해야 할 내용

연속용지란 낱장용지와 더불어 인쇄용지 종류 중의 하나로 주로 충격
식 프린터에 사용된다.

뽀글뽀글 단상

「연속용지가 충격식 프린터에 사용된다」는 말을 보니 연속적으로 충격
을 주어 마침내는 KO 시키는 권투시합이 생각난다.

「연속적으로 충격을 주어 KO시키는」 연속용지는 충격식 프린터에 사용된다.

63 | 낯짝이나 용지에 묻은 잉크는

암기해야 할 내용

낱장용지는 주로 「잉크제트, 레이저 프린터」에 사용된다.

뽀글뽀글 단상

「낱장용지가 잉크제트, 레이저 프린터에 사용된다.」는 말을 보니 낯짝에 잉크 묻은 녀석이 레이저 프린터를 사용하는 모습이 떠오른다.

낱장용지는 「낯짝(=얼굴)이나 용지」로, 잉크제트는 「잉크」로, 레이저 프린터는 「레이저」로 대입해보자.

| Easy Memory |

낯짝이나 용지에 묻은 잉크는 레이저를 사용해야 지워진다.

암기해야 할 내용

폼 피드(Form Feed)란 인쇄 기능 관련 용어 중의 하나로, 라인 피드(Line Feed)가 프린터 용지를 줄 단위로 밀어 올리는 기능인 데 비해, 이것은 「프린터 용지를 페이지 단위로 밀어 올리는 기능」으로 일명 「용지 넘김」이라고 한다.

뽀글뽀글 단상

여기에선 폼 피드를 용지 넘김이라고 하는데 역점을 두자. 이상한 일이지만, 학생들은 시험용지를 세는 나의 모습이 폼 난다고 여기는 모양이다. 가끔은 그 모습을 흉내 내기도 하니까 말이다. 폼 피드를 「폼 나게」로 대입해보자.

| Easy Memory |

폼 나게 용지를 넘기는 우리 선생님.

65 | 택시 드라이버는

암기해야 할 내용

프린터 드라이버(Printer Driver)란 워드프로세서에서 산출된 출력 값을 특정 프린터 모델이 요구하는 형태로 번역해 주는 소프트웨어를 말한다.

뽀글뽀글 단상

프린터 드라이버에서 「드라이버」는 「택시 드라이버」를 생각나게 해준다. 「택시 드라이버」와 「프린터 드라이버」의 임무를 비교해보면 쉽게 이해가 된다.

| Easy Memory |

택시 드라이버는 승객이 요구하는 대로 번번이 간다. 프린터 드라이버는 특정 프린터 모델이 요구하는 대로 번역해준다.

66 | 하도 커피를 좋아하는 하드 카피는

암기해야 할 내용

하드 카피(Hard Copy)란 화면에 보이는 내용을 그대로 프린터에 인쇄하는 것을 말한다.

하드 카피를 보니 뚱딴지같이 「하도 커피」를 좋아하는 사람이 떠오른다. 그런 사람은 안 줄까 봐 걱정이지 커피의 질이 문제되지 않는다. 묻지도 따지지도 않고 커피만 주면 그대로 마신다. 그의 이름을 하드 카피라고 해보자.

| Easy Memory |

하도 커피를 좋아하는 하드 카피는 카피하는 것도 하도 좋아해서 묻지도 따지지도 않고 「화면에 보이는 내용을 그대로 프린터에 인쇄한다」

67 『하이!』 하고 인사만 잘하면

암기해야 할 내용

하이퍼텍스트 (Hyper Text)란 「어떤 부분과 관련된 문서를 필요시 참조할 수 있도록 만든 문서 형식」으로 인터넷 홈페이지나 윈도우 도움말에 사용된다.

뽀글뽀글 단상

지금은 인터넷을 활용하면 거의 모든 궁금증이 해결되지만, 예전에는 관련된 문서를 참조하고 싶을 때 가장 많이 찾아가는 곳이 도서관이었다. 그 도서관에 가서 담당자에게 하이! 하고 인사만 잘하면 일이 순조롭게 풀리는 경우가 많았다. 「하이퍼텍스트」를 「하이」와 「텍스트」로 분리해보자.

| **Easy Memory** |

하이! 하고 인사만 잘하면 텍스트와 관련된 문서를 참조할 수 있게 해준다. 그게 바로 하이퍼텍스트.

68 「매일 뭐지, 뭐지?」하고 묻지 말고

암기해야 할 내용

메일 머지(Mail Merge)란 본문 파일과 데이터 파일을 작성하여 본문에 각각의 데이터가 삽입되는 기능으로 안내장이나 초대장처럼 본문의 내용은 똑같고 수신인이 다를 경우 사용한다. 이를 우편합성 또는 폼 레터(Form Letter)라 한다.

뽀글뽀글 단상

경험해본 사람은 다 알겠지만, 아들 장가를 보낼 때 혼주가 해야 할 가장 큰일은 초대장을 보내고 소위 영수증이라고 하는 감사장을 보내는 것이다. 좋은 의미에선 미풍양속이라 하지만, 언젠간 바뀌어져야만 될 관습인 것 같다.

이 경우, 인사말이 적혀있는 본문 파일과 수신인 파일을 별도로 작성하여 우체국에 가져다주면 직원들이 우편합성을 해서 쉽게 처리한다. 메일 머지(Mail Merge)를 「매일 뭐지, 뭐지?」로 대입하자.

| Easy Memory |

「매일 뭐지, 뭐지?」하고 묻지 말고 아들 장가보낼 때 초대장을 떠올리자. 그러면 그게 우편합성임을 알 수 있다.

69 일을 매끄럽게 해주는

암기해야 할 내용

매크로(Macro)란 특정 단어들에 대해 특정 서식을 반복해서 적용할 때 사용하는 것으로 작업을 쉽고 빠르게 해주는 기능이다.

뽀글뽀글 단상

컴퓨터 작업을 하다보면 특정 서식을 반복해서 적용해야 하는 경우가 있다. 매번 반복하자니 얼마나 번거로운가? 이러한 일을 힘들이지 않고 매끄럽게 해주는 이가 바로 매크로이다. 여기에선 매크로라는 용어의 기억에 초점을 맞추어 보자. 매크로를 「매끄럽게」와 관련시켜 보자.

| Easy Memory |

일을 매끄럽게 해주는 매크로를 사용하자. 힘들이지 않고 「특정 서식을 반복 적용」하고 싶으면.

암기해야 할 내용

밉스(MIPS)란 원어 「Million Instruction Per Second」에서도 알 수 있듯이 「컴퓨터가 1초 동안에 100만 개의 명령어를 처리할 수 있는 단위」로 컴퓨터의 성능을 알 수 있게 하는 하나의 기준이 된다.

뽀글뽀글 단상

개인의 능력이 너무 뛰어나면 동료들에게 밉상을 받는다. 이구동성으로 「난 당신이 밉소」라고 할 것이다. 마찬가지로 컴퓨터의 성능이 너무 뛰어나도 밉상을 받는다. 「자그마치 1초 동안에 100만 개의 명령어를 처리할 수 있다」면 밉상을 받기에 충분하다.

밉스(MIPS)를 「밉소」로 대입하자.

| Easy Memory |

난 당신이 밉소. 내 능력은 형편없는데, 샘나게 당신은 1초 동안에 100만 개의 명령어를 처리할 수 있어서.

암기해야 할 내용

아스키(ASCII) 코드란 개인용 컴퓨터의 데이터 표현 및 통신상의 정보교환에 사용되는 「정보 교환용 미국표준 코드」를 말한다.

뽀글뽀글 단상

「아스키 코드」를 보는 순간, 나라마다 표준말이 있듯이 욕에도 표준욕이 있다는 생각이 들었다. 그래서 요즘 뜨는 미국표준 욕이 「아스키」라고 가정해보자. 그런데 그 미국표준 욕도 모르는 사람이 있나. 그렇게 정보에 어두우면 욕을 먹게 된다.

| Easy Memory |

요즘 뜨는 미국표준 욕, 아스키도 몰라? 그러니까 정보에 어두운 거야. 아스키 코드란 정보교환용 미국표준 코드야.

욕도 먹은 김에 원어로 알아두자.

American Standard Code for Information Interchange

암기해야 할 내용

와일드카드(Wild Card)는 일명 「만능문자」라고 하며 보통 「*와?」를 사용한다.

뽀글뽀글 단상

여기에선, 와일드카드가 만능문자임을 알아두기로 하자.

요즘은, 노동자들이 임금협상을 하는 경우나 지자체 등에서 특정지역에 혐오시설을 세우고자 할 때 어느 경우든 투쟁방법이 와일드하기 짝이 없다. 그래야만 소기의 목적을 달성할 수 있다고 믿기 때문이다. 불행인지 다행인지는 알 수 없으나 와일드하게 나가면 만사가 뜻한 대로 잘 해결되는 경우가 많은 것 같다.

와일드카드(Wild Card)를 「와일드」로, 만능문자를 「만능시대」로 대입하기로 하자.

| Easy Memory |

와일드 만능시대라고 믿는 사람에겐 와일드카드를 주자.

Check Up-4 제목만 보아도 솔솔 기억이 날까?

3장
공문서 처리, 문서처리 환경 및 전자출판

73-90

암기해야 할 내용

성질에 의한 문서의 분류 6가지

* 민원문서   * 비치문서   * 공고문서

* 일반문서   * 법규문서   * 지시문서

뽀글뽀글 단상

종류를 수차례 읽어 익숙해진 후, 머리글자로 정리해보자. 「성질에 의한 문서의 분류」를 「성질이 이상하다고 문서에 분류」로 대입해보자.

| Easy Memory |

「성질이 이상하다고 문서에 분류」돼있는 민비는 「공일에 화끈하게 노는 법」을 만들라고 지시했다. 희한한 법도 다 있다.

암기해야 할 내용

행정기관이 일반에게 일정한 사항을 알리기 위한 문서로 「고시와 공고」가 있다.

고시는 개정이나 폐지가 없는 한, 그 효력이 장기적이고 공고는 시험시행공고처럼, 그 효력이 단기적임을 알아두어야겠다. 행정고시나 사법고시 공부는 장기적으로 준비해야 하고 합격공고는 단기적으로 해도 무방할 것이다.

그래서 고시는 「고시공부」로, 공고는 「합격공고」로 대입해보자.

| Easy Memory |

고시공부는 장기적으로, 합격공고는 단기적으로! 무슨 구호처럼 느껴진다.

75 회 맛을 보고서도

암기해야 할 내용

일반문서란 「민비는 공일에 화끈하게 노는 법을 만들라고 지시했다」에서, 「일」을 제외한 문서에 속하지 않는 모든 문서를 말하며 「회보와 보고서」 등이 여기 즉, 일반문서에 속한다.

뽀글뽀글 단상

회보란 업무연락이나 통보처럼 행정기관의 장이 소속 공무원 또는 하급기관에 일정한 사항을 알리기 위해 사용하는 문서를 말한다.

보고서란 특정 사안에 대한 현황이나 연구 또는 검토 결과 등을 보고하거나 건의할 때 사용하는 문서를 말한다. 여기에선 「보고서」와 「회보」가 일반문서에 속해있다는 것을 알아두자.

「회보」를 보는 순간 마음은 이미 동해안으로 달려간다. 감칠맛 나는 「회」가 생각나기 때문이다.

| Easy Memory |

"회 맛을 보고서도, 회보다 일반고기가 낫다고?" 그 말을 들으니 「보고서」와 「회보」가 일반문서에 속해있다는 것이 생각나는구나.

76 지자체가 「요래라, 조래라」 한다

암기해야 할 내용

조례란 지방자치단체가 지방의 정책을 펴나가기 위해 지방의회의 의결을 거쳐 제정한 자치법규를 말한다.

규칙이란 지방자치단체장이 법령 또는 조례가 위임한 범위 내에서 그 권한에 속하는 사무에 관하여 정립하는 자치법규를 말한다.

뽀글뽀글 단상

조례와 규칙을 어떻게 구분하면 될까? 여기에선 「조례는 지자체」와 「규칙은 지자체장」과 관련이 있다는 것을 확실히 구분해보자.

지자체에서 잘하는 일도 많지만 지자체가 시시콜콜 「요래라, 조래라」

뽀글뽀글 斷想 Easy Memory

요구하는 경우도 있을 것이다. 편의상 「조례」는 「조래」로 대입해보기로 하자.

| Easy Memory |

지자체가 「요래라, 조래라」한다. 지자체장에게 규칙을 정하라고.

77 「지훈」이를 「예일」대학에 보내라

암기해야 할 내용

「지시문서」란 행정기관이 그 하급기관 또는 소속 공무원에 대하여 일정한 사항을 지시, 명령하는 문서이다. 지시문서에는 「훈령, 지시, 예규, 일일명령」 등이 있다.

뽀글뽀글 단상

일단 지시문서의 4가지 종류를 알아두기로 하자. 「지시와 훈령」은 머리글자를 따서 「지훈」이로, 「예규와 일일명령」은 유명한 대학을 연상하며 「예일」로 대입해보자.

| Easy Memory |

지시문서에는 사력을 다해 지훈이를 예일대학에 보내라고 명령하고 있다.

암기해야 할 내용

「훈령」이란 상급기관이 하급기관에 대하여 장기간에 걸쳐 그 권한의 행사를 지시하기 위해 발하는 명령이다.

뽀글뽀글 단상

「훈령」이란 말을 보고 왜 「훈장」이란 말이 떠올랐을까? 나이가 좀 들었다는 뜻일 게다. 여기에선 훈령이 「장기간」에 걸친 명령임에 유의하자. 그러고 보니 「훈장」에 「훈령 훈」字와 「장기간 장」字가 몽땅 있구나.

| Easy Memory |

훈령은 훈장이 내리는 게 아니다. 상급기관이 하급기관에 장기간에 걸쳐서 발하는 명령이다.

79 법규문서를 다 뒤져봐도 알 수 없다

암기해야 할 내용

법규문서는 조문 형식, 누년일련번호를 사용한다. (예: 법률 제1234호)

상을 당하면 상주는 방명록을 준비해둔다. 누가 언제 조문을 왔는지 알 수 있기 때문이다. 혼이 나간 상주가 방명록 대신 법규문서를 뒤져보는 모습을 상상해보자.

「누년일련번호」는 「누가」로, 「조문 형식」은 「조문」으로 대입한다.

| Easy Memory |

법규문서를 다 뒤져봐도 알 수 없다. 누가 언제 조문을 왔는지 법규문서는 「누년일련번호」와 「조문형식」을 사용할 뿐이다.

80 일삼아 외우는 문서보존기간

암기해야 할 내용

문서보존기간에는 「1년, 3년, 5년, 10년, 20년, 준영구, 영구」 7종이 있다.

뽀글뽀글 단상

머리 나쁜 영구는 「문서보존기간」의 종류에 대한 문제가 자주 출제된다는 얘기를 들었다. 일삼아 외우는 도리밖에 없었다. 1년, 3년, 5년의 「1, 3, 5」를 「일삼아」로 대입시켜보자.

| Easy Memory |

영구는 「문서보존기간」의 종류를 「일삼아 외웠다. 10년 20년 준영구 영구」 공부하다 자기 이름도 외워보기는 처음이었다. 내 이름 영구가 이렇게 중요한 줄 미처 몰랐다.

81 | 문서 처리에도 일반원칙이 있나요?

암기해야 할 내용

문서처리에는 다음과 같은 3가지 일반원칙이 있다.
 * 즉시 처리의 원칙   * 책임 처리의 원칙   * 적법성의 원칙

뽀글뽀글 단상

문서처리에도 일반원칙이 있느냐고 꼬치꼬치 묻지 말았으면 좋겠다.

| Easy Memory |

문서처리에도 일반원칙이 있나요? 꼬치꼬치 묻지 말고, 즉시 책임지고 적법하게 처리하게.

82 | 습도계 옻칠은 불쾌한 칠이야

암기해야 할 내용

계절별로 다소 차이가 있긴 하지만, 「쾌적한 작업환경」은 다음과 같다.

 * 습도: 50%~70% * 불쾌지수: 70 이하 * 온도: 20℃~25℃

뽀글뽀글 단상

쾌적한 작업환경을 제공하려면 우선 습도, 온도, 불쾌지수의 적당한 수치를 알아야 한다.

옻칠은 본래 장롱에 하지만 습도계에 시꺼먼 옻칠을 하여 불쾌해하는 모습을 상상을 해보자.

습도 50%~70%는 「습도계 옻칠」로, 불쾌지수 70 이하는 「불쾌한 칠」로, 온도 20℃~25℃는 「온도는 이공 이오」로.

| Easy Memory |

습도계 옻칠은 불쾌한 칠이야. 다행히 온도는 이공 이오. 쾌적한 작업환경 만들어 보세.

암기해야 할 내용

「탈(TAL)」이란 빛을 작업하는 공간에 집중하여 비추는 조명 장치이다.

뽀글뽀글 단상

여럿이 한방을 쓰는 경우, 다른 사람 다 자는데 컴퓨터 공부한다고 불이란 불 다 켜놓으면(수면방해가 되니) 「탈」이 생기는 법이다. 「작업하는 공간에만 빛을 집중하여 조명」하면 「탈」이 없을 것이다. 이를 유식하게 말하면 국소조명이라 한다.

그런데 살다보니 별일도 다 많다. 탈이 우리말인 줄 알았더니 아닌가보다. 탈은 영어로는 TAL, 우리말로는 국소 조명이라 한다. 여기에선 국소조명을 영어로 뭐라고 해야 하는지에만 신경 쓰자.

| Easy Memory |

국소 조명하면 탈(TAL)이 없다.

암기해야 할 내용

「룩스(Lux)」란 빛의 밝기 즉, 조도를 나타내는 단위이다.

뽀글뽀글 단상

「조도」라는 말을 읽어보면, 어감이 다소 야릇하다. 아마도 경음화 현상 때문일 것이다. 조도는 「조씨도」로, 조도 단위인 Lux는 발음이 같은 「looks」(본다)로 하여 「조씨도 본다.」를 영어로 표현해보자.

| Easy Memory |

Mr. Jo looks, too. 뜻을 잘 몰라 대충 해석하면, 「조씨도 룩스」가 된다.

85 컴실에 컴치러 오시면 되십니다

암기해야 할 내용

장소에 따라 소음 허용도가 정해져 있다. 컴퓨터실의 「소음 허용도는 75㏈ 이하」이다.

소음 허용도는 구체적 수치를 요구한다. 그런데 그간 어려운 용어도 많았지만, 75dB에서 dB을 어떻게 읽는 줄 몰랐다. 디비라고 읽나? 아니다. 데시벨이다. dB(decibel)이란 소리의 상대적인 크기를 나타내는 단위이다. 난 그때서야 「나도 어지간히 무식하구나!」하는 생각이 들었다.

그러니까 「75dB」은 칠오디비가 아니라 칠오데시벨이라 읽으면 된다. 유사음을 사용하면 「치러 오시면 되십니다」가 된다.

| Easy Memory |

이 컴실은 시끄럽지 않으니, 컴 치러 오시면 되십니다. 왜냐고요?
이 컴실의 소음 허용도가 「치러 데시벨 이하」니까요.

86 전자파가 나오는 게 보이디? 티끌만치라도?

암기해야 할 내용

VDT 증후군이란 유해한 전자파에 장시간 노출될 때 생기는 직업병이다.

요즘 우리는 전자파에 노출되면 안 된다고 야단법석이다. 「넌 그놈의 전자파가 눈에 보이디?」라고 되받아 치고 싶지만 건강에 해롭다니 참자.

여기에선 생소한 용어인 VDT 증후군을 익숙하게 하는데 초점을 두자. 브이디티(VDT)를 「보이디 티」로 대입해보자.

| Easy Memory |

넌 인체에 유해한 전자파가 나오는 게 보이디 티끌만치라도? 티끌만치는 보이지. 증말 그렇다면 VDT 증후군을 조심하자.

87　언제부터인가 출판문화의 변화로

암기해야 할 내용

출판문화는 활자인쇄 → 사진식자 → 전자출판 → 전자통신출판으로 변화되었다.

뽀글뽀글 단상

「기왕이면 다홍치마」다. 찡그린 사진이 들어있는 출판물보단 활짝 웃는 사진이 들어있는 출판물이 더 잘 팔린다고 믿어보자.

활자인쇄는 「활짝」으로, 사진식자는 「사진」으로, 전자출판은 「전」으로, 전자통신출판은 「통」으로 대입해보자.

| Easy Memory |

언제부터인가 출판문화의 변화로 활짝 웃으며 사진 찍는 게 전통이 되었다.

88 클립으로 아름답게

암기해야 할 내용

클립아트 (Clip Art)란 잘라낸 그림이라는 의미로 「그래픽 데이터 모음」을 말하며 컴퓨터로 문서를 작성하거나 편집하는 경우 편리하게 사용할 수 있다.

뽀글뽀글 단상

여기에선 그래픽 데이터 모음과 클립아트만 생각하자. 클립아트를 「클립으로 아름답게」로 해보자.

| Easy Memory |

누군가 큰 입으로 아름답게 말했다. "그래, 데이터를 모아 놓자. 클립으로 아름답게" 클립아트란 그래픽 데이터 모음을 말한다.

89 모처럼 몰핀 주사를 맞으니 핑 돌았다

암기해야 할 내용

모핑(Morphing)이란 컴퓨터 그래픽, 영화 등에서 응용되는 기법으로 2개의 이미지를 부드럽게 연결해 변환, 통합하는 것을 말한다.

마약에 중독된 가련한 남자의 모습을 연상해보자. 모핑은 「몰핀」으로, 2개의 이미지는 「두 여인의 이미지」로, 그래픽은 「그래」로 대입해보자.

| Easy Memory |

모처럼 몰핀 주사를 맞으니 핑 돌았다. 두 여인의 이미지가 부드럽게 통합되었다. 그래 맞아! 영화에 응용해도 되겠다.

90 커닝 페이퍼를 만들 땐

암기해야 할 내용

커닝(Kerning)이란 자간의 미세조정으로 「특정 문자들의 간격을 조정」하는 것을 말한다.

뽀글뽀글 단상

커닝이라는 말을 보니 부정행위를 일컫는 커닝이 생각난다. 커닝도사들은 다 알 것이다. 커닝 페이퍼를 만들 땐, 대문짝만하게 쓰지 않고, 작게 그것도 「자간을 조정」해서 쓰게 마련이다. 그래야 손안에 쏙 들어오게 만들 수 있기 때문이다.

| Easy Memory |

우리 모두 명심하자. 커닝 페이퍼를 만들 땐 좌우지간 자간을 조정

해야 한다는 것을!

EASY MEMORY

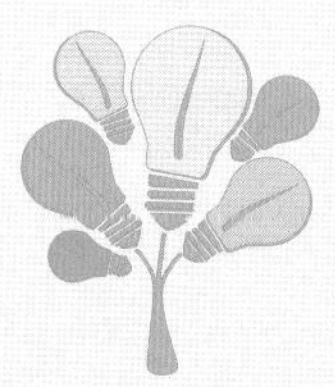

제 2 부

문외한이 접근하는
교육학 이론 맛보기

<u>들어가며</u>

교사의 필독서로서의 교육학 이론서는 무려 1,000page가 넘는 방대한 분야를 다루고 있다. 사실을 고백하자면 큰 기여는 못했지만, 교단에 평생을 몸담아온 사람이기에 내심으로는 교육학 이론 전체를 나름 체계적으로 정리하여 이 내용만을 상하권으로 출판하고 싶었다. 나의 조촐한 서재에 조금은 색다른, 내가 직접 쓴 책을 갖는 게 젊었을 때부터의 나의 작은 소망이었기 때문이다.

하지만 10년 전쯤, 나의 심장을 요동치게 했던 거의 완성되어가던 원고 출력물은 물론 그 내용이 저장되어 있던 디스켓마저, 뜻하지 않게 분실을 당했다. 나의 영혼 모두를 송두리째 잃은 듯, 허탈감에 쌓여 몇 달씩이나 잠 못 이루는 밤을 보내야만 했다. 그래도 일부분이라도 써봐야겠다는 생각에 용기를 내어 그나마 남아 있던 초고를 뒤적여 첨삭하는 작업을 하게 되었다.

과정이야 어찌 되었든 재미라고는 찾아보기 힘든 이 이론의 구체적인 내용들을 소위 연상암기법을 이용하여 접근함으로써 독자들이 가급적 쉽고 재미있다는 느낌을 갖고 접할 수 있도록 하는 것이 본 저서의 1차적 목적이며 나아가 교사들도 자신이 담당하고 있는 과목에 연상암기법을 활용할 수 있는 기술을 축적함으로써 학생들에게도 그 효과가 파급될 수 있도록 하자는 것이 2차적 목적이다.

1장
생활지도 이론

01-23

01   과외 생활지도 실천원리 7가지

암기해야 할 내용

생활지도 실천원리에는 아래와 같이 7가지가 있다.

1) 계속성의 원리

2) (구체적) 조직의 원리

3) 과학성의 원리

4) 적극적인 예방의 원리

5) 전인적인 원리

6) 균등의 원리

7) 협동성의 원리

뽀글뽀글 단상

예전에는 소위 불법과외를 조직적으로 단속하는 일이 많았다. 생활지도 실천원리 7가지 중 「과학성의 원리」라는 말을 보니 영수는 물론 논술과외가 판치는 세상이지만 과학과외를 특별 단속하는 모습을 떠올려보자.

요즘 폭력에 대해 무관용 원칙을 적용하는 것처럼 과외단속을 하는 사람은 모두 균등한 잣대를 가지고 단속해야 소기의 목적을 달성할 수 있을 것이다. 물론 여기에서 기억하고자하는 것은 생활지도 실천원리 7가지이다. 아래의 고딕체 부분이 무엇을 의미하는 지는 위에 소개된 실천원리 7가지와 비교해보면 금방 알 수 있다.

| Easy Memory |

과외 생활지도 실천원리 7가지는 계속되는 조직적 과학과외를 적극예방하려면, 전원이 균등하게 협동해야 한다는 것이다.

02 | 파스 붙인 보스, 파슨스

암기해야 할 내용

1908년 Boston 시에 직업지도국을 개설하면서 시작된 근대생활지도의 효시는 파슨스(F. W. Parsons)이다. 당시의 가이던스의 중심은 직업지도와 학업지도를 포함한 진로지도이었다.

뽀글뽀글 단상

보스톤(Boston)시를 보스(Boss)로, 파슨스(Parsons)를 떠올리기 위해 타박상에 붙이는 파스를 이용해보자. 때는 바야흐로 1908년, 보스(boss)이면서도 툭하면 얻어맞아 온몸에 파스를 붙이고 다니던 파슨스(Parsons)는 주먹세계를 홀연히 떠나 직업다운 직업을 갖기로 작심한다.

주먹세계에 몸담았던 사람, 특히 보스가 철이 들면 보통 사람들과는 비교할 수 없을 만큼 매너가 좋은 경우가 종종 있다. 이런 사람이 생활지도를 하면 홀아비 사정은 홀아비가 알고, 과부 사정은 과부가 안다고 일반 사람보다 훨씬 더 잘할 수도 있다.

| Easy Memory |

파스 붙인 보스, 파슨스는 보스톤(Boston) 시에 직업지도국을 개설하여 결국 근대생활지도의 효시가 된다.

암기해야 할 내용

생활지도활동에는 아래와 같이 5가지가 있다.

: 조사활동, 정보활동, 상담활동, 정치활동, 추후활동

뽀글뽀글 단상

생활지도활동의 종류 5가지를 별 생각 없이 읽어가다 보니 툭하면 우리를 실망시키곤 하는 여의도 국회의사당의 정치활동이 생각난다. 이점에 착안하여 연상을 해보기로 하자.

다수결의 원칙을 존중해서 꾸려나가야 할 국회가 때론 유도라도 배워야 적응할법한 난장판이 되고 보니 생활지도를 국회로 먼저 나가야 되지 않을까? 아래의 고딕체를 보면 그게 무엇을 의미하는지 바로 알 수 있다.

| Easy Memory |

우선 생활지도활동의 종류가 중요하니, 정치활동문제는 조사한 정보를 토대로 상담하여 추후에 결정해도 늦지 않다.

04 | My Darling 윌리암슨은

암기해야 할 내용

지시적 상담이란 다알리(Darley)와 윌리암슨(Williamson)이 주장한 것으로 상담자가 피상담자에게 적극적인 암시나 정보를 제공함으로써 학생이 일정한 방향으로 해결하도록 유도하는 기술이다.

뽀글뽀글 단상

지시적 상담의 대표자인 Darley와 Williamson을 어떻게 암기할까? 대표자중의 한 사람인 다알리(Darley)를 보는 순간 다알링(Darling)이라는 말이 떠올랐다. 그래서 다알리(Darley)를 My Darling으로 간주하자.

보통 직업이 교사인 사람은 「이거 해라. 저거 해라」 지시하는 게 몸에 배어있다. 그래서 특히, 부부교사인 경우에는 입만 벌리면 서로에게 시킨다고들 한다. My Darling도 예외는 아니어서 「이거 해라. 저거 해라」 지시하는데 둘째가라면 서러운 사람이다.

05 지시적 상담은 그 특성상

암기해야 할 내용

상담의 책임을 상담자가 지는 지시적 상담은 「특성이론, 행동수정이론, 자질론」 등에 근거를 두고 있다.

뽀글뽀글 단상

지시적 상담은 어떤 이론에 근거를 두고 있는가? 위에 열거한 3가지 이론을 어떻게 연결해 볼까? 지시적 상담을 잘하려면 그만한 자질이 있어야 하기 때문에 〈자질론〉에서 힌트를 얻어보자.

| Easy Memory |

지시적 상담은 그 특성상, 피상담자의 행동수정을 유도할만한 자질이 있어야 하므로, 「특성이론, 행동수정이론, 자질론」 등에 근거를 두고 있다.

암기해야 할 내용

지시적 상담과정에는 아래와 같이 6단계가 있다.

※ 분석→ 종합→ 진단→ 예진→ 상담→ 추후지도

뽀글뽀글 단상

지시적 상담과정 6단계는 순서가 중요하다. 우선, 지시적 상담과정을 떠올리기 위해 「지시」를, 종합과 진단의 첫 글자를 따서 「종진」이라는 이름을, 예진과 상담의 첫 글자를 따서 「예상」을 사용해보자. 편안한 마음으로 몇 번 읽다 보면 어느새 내 것이 될 것이다.

| Easy Memory |

My Darling 윌리암슨에게 지시받은 분석의 大家 종진이가 종합 진단하여, 예상대로, 추후지도를 했다.

07 루저스 아 비지(Losers are busy.)

암기해야 할 내용

비지시적 상담이란 내담자 중심의 상담으로 내담자가 주도적 역할을

하고 상담자의 역할은 허용적인 분위기를 조성하는데 있으며 상담과정
에 대한 책임은 학생이 지는 상담을 말한다.

로저스(Carl R. Rogers)는 그의 저서 「상담과 정신치료법」이란 책에서 자기
의 상담방법을 非指示的이라고 불렀는데 이것이 비지시적 상담의 시작
이다.

뽀글뽀글 단상

여기에선 「비지시적 상담의 효시는 누구이며 저서에는 무엇이 있을
까?」에 대해 신경 쓰자.

요즘 패자(敗者)라는 의미의 루저스(losers)라는 말이 유행인 것 같다. 노
는데 바쁜 백수를 보고, 우린 백수가 과로사한다고 한다. 백수만 바쁜
게 아니다. 루저스도 바쁘다. 그래야 희망이 있기 때문이다. 패배를 딛고
재기하려면 상담을 통해 정신이 번쩍 나도록 치료를 받아야하지 않겠는
가?

로저스가 비지시적 상담의 효시임을 연상하기 위해 「루저스 아 비지.(=
Losers are busy.)」라는 말을 써보자. 또한, 그의 저서 「상담과 정신치료법」을
위해 「상담을 통해 정신이 번쩍 나도록 치료」라는 말을 활용해보자.

| Easy Memory |

왜, 루저스 아 비지.(Losers are busy.)인가? 그거야 상담을 통해, 정
신이 번쩍 나도록 치료받기 위해서지요.

암기해야 할 내용

절충적 상담이란 존스(Jones)와 브라머(Brammer)에 의해 주장된 것으로 지시적 상담과 비지시적 상담의 장·단점을 절충한 방법이다.

뽀글뽀글 단상

절충적 상담이론의 주장자는 누구일까? 브라머라는 이름을 보니 여성들의 필수품인 「브라」가 떠오른다.

새로 출시되는 정말 좋은 브라의 이름을 지으려고 절충하는 광경을 그려보자. 다른 제품도 마찬가지이지만 「브라」도 어떤 장인이 디자인한 것인지에 따라, 판도가 달라질 것이다.

존스를 「좋은」 또는 이를 줄여 「존」으로, 브라머를 「브라」로 대입해 보자.

| Easy Memory |

A: 좋은 브라가 어때?

B: 난 존 브라로 하고 싶어.

C: 그럼, 존스가 디자인한 존 브라로 절충합시다.

암기해야 할 내용

실존주의적 상담이란 메이(May)와 프랭클(Frankl)에 의해서 체계화된 것으로 인간의 불안문제를 인간존재의 가장 주요문제로 인식하여 인간존재의 본질인 죽음과 불안 등에 중점을 두어 인간존재의 의미를 찾고자 하는 상담방법이다.

뽀글뽀글 단상

실존주의 상담을 체계화한 사람의 이름을 보니 May와 Frankl이다. May는 오월을, Frankl은 Frankly(솔직하게)를 연상케 한다.

암기할 때 가장 중요한 것은 서두르지 않고, 어휘가 익숙해질 때까지 그냥 읽는 것이다. 서두를수록 머리만 아플 뿐이다. 편안한 마음으로 몇 번 거듭해서 읽어보다 보면 실존주의 상담의 주된 내용을 알게 될 것이다.

| Easy Memory |

햇살도 따스하던 오월 어느 날, 난 May와 솔직하게 실존의 의미에 대해 상담했다. 무엇보다도 현대인이 안고 있는 불안문제를 정면으로 대결하여 극복해야 한다고 진지하게 역설하던 May의 그 모습을 아직도 잊을 수 없다.

May와 Frankl이 실존주의 상담(=의미요법)을 체계화한 사람임을, 그리고 소위 역설적 지향이 실존주의 상담의 기술에 속하는 것임을 오랜 후에야 알고, 난 그 시절을 떠올렸다.

암기해야 할 내용

빈스방거(Binswanger)의 현존분석이론이란 실존주의 상담기법 중 하나로 환자의 내적 세계의 의미를 해석하려는 시도이다.

뽀글뽀글 단상

여기에선 빈스방거(Binswanger)가 현존분석이론을 제시한 사람임을 기억하자. 현존분석이론을 제시한 빈스방거(Binswanger)라는 이름을 보니 인간의 생리적 작용 중의 하나인 방귀 생각이 난다. 엉뚱한 생각들이 꼬리를 물어 정리해본다.

직업은 속일 수 없는 모양이다. 빈스방거(Binswanger)의 빈스를 빈의 소유격으로 간주하고 그리고 방거를 방귀라고 하면 빈스방거(Binswanger)는 빈의 방귀 좀 더 친밀감 있게 표현하면 「빈들이 꾼 방귀」가 된다. 현존분석이론은 그냥 「현존」으로 처리하자. 나도 가끔은 궁금할 때가 있다. 수십 년 동안 꾸어온 내 방귀가 지금도 이 세상 어딘가에 남아있는지?

| Easy Memory |

조선시대에는 빈(嬪宮)도 많았다. 그 빈들이 꾼 방귀가 지금도 공기 중에 현존하는지 분석해보자는 엉뚱한 이론을 내세운 사람은 다름 아닌 빈스방거(Binswanger).

11 | 참으로 엘리트답게

암기해야 할 내용

합리적 정서적 이론이란 엘리스(Ellis)에 의한 이론으로, 그는 신념이 인간행동의 원동력이므로 인간의 심리적 고통은 대부분 비합리적인 정서적 반응에서 생긴다고 보고 상담기법으로 ABCD전략을 구사했다.

뽀글뽀글 단상

여기에선 합리적 정서적 이론은 누구의 이론이며 그의 상담기법은 무엇인지에 대해서 알아두기로 하자.

엘리스라는 이름을 보니 「엘리트」가 떠오른다. 사람들은 어떤 사람을 엘리트라 부를까? 합리적으로 생각하기를 좋아하는 것은 물론이고 하나를 가르쳐주면 열을 아는 똑똑한 사람이다. 그러니 A를 알려주면 ABCD도 알 것은 불을 보듯 뻔한 일이다. 엘리스는 자기 이름에 어울리게 참으로 엘리트이었나 보다. 역시 이름은 잘 짓고 보아야 할 일이다. 엘리스를 떠올리기 위해 「엘리트」를 이용하면 실타래가 스르르 풀릴 것 같은 기분이 든다.

| Easy Memory |

참으로 엘리트답게 엘리스는 합리적으로 생각하기를 좋아하더니 상담기법으로 ABCD전략을 구사했다.

12 고구마를 개인이 캘 리가 없어

암기해야 할 내용

개인구념이론이란 켈리(Kelly)가 주장한 이론으로 개인구념이란 현실을 지각하고 해석하는데 사용되는 개인 자신이 만들어내는 「자기 나름의 사고의 틀」을 말한다.

뽀글뽀글 단상

여기에선 개인구념이론을 누가 주장한 이론인가만 신경쓰자. 개인과 켈리를 연관 짓기가 만만치 않은 느낌이다. 이를테면 개인이 고구마 농사를 지을 경우 자기 나름대로 때가 되면 심고, 또 적당한 시기에 캐면 된다. 누구에게 물어볼 필요도, 허락받을 필요도 없이 말이다.

하지만 시골에 가보면 마을 사람들이 공동으로 생산하고 판매하는 작목반이라는 것이 있다. 이쯤 되면 문제는 달라진다. 자기 나름대로의 생각에 따라 개인이 고구마를 캐면 안 된다. 이곳에선 함께 캐야지, 개인이 자기 나름대로 캘 리가 없는 것이다.

개인구념이론을 떠올리기 위해 「개인」을, 이론의 주장자 켈리를 위해 「캘리가 없다」를, 자기 나름의 사고의 틀을 위해 「자기 멋대로」나 「자기 나름대로」를 활용해보자. 모월 모일 함께 고구마를 캐기로 약속을 해놓은 마당에 아무개가 혼자 고구마를 캐고 있는 것을 보았다고 한다면 그에게 무어라고 말할까?

| **Easy Memory** |

뽀글뽀글 斷想 Easy Memory

Check Up-1 제목만 보아도 솔솔 기억이 날까?

01. 과외 생활지도 실천원리 7가지

02. 파스 붙인 보스, 파슨스

03. 우선 생활지도의 종류가 중요하니

04. My Darling 윌리암슨은

05. 지시적 상담은 그 특성상

06. My Darling 윌리암슨에게 지시받은 분석의 大家

07. 루저스 아 비지(Losers are busy.)

08. 존스가 디자인한 존 브라로 절충합시다

09. May와 솔직하게 실존의 의미에 대해 상담했다

10. 빈(嬪)들이 꾼 방귀

11. 참으로 엘리트답게

12. 고구마를 개인이 캘 리가 없어

13 바보만을 사랑하겠다는 「바보러브」

암기해야 할 내용

파블로프(Pavlov)는 고전적 조건화 이론을 정립했다.

뽀글뽀글 단상

파블로프(Pavlov)의 고전적 조건화 이론에서 파블로프(Pavlov)와 고전적 조건화 이론을 어떻게 관련지을까? 파블로프(Pavlov)를 자꾸 읽다 보니 「바보러브」와 음이 유사하다는 생각이 든다. 파블로프를 떠올리기 위해 「바보러브」를 활용해 보자.

바보온달과 평강공주에 관해 전해 내려오는 옛이야기보다 한술 더 떠서 특이하게 바보만을 사랑하겠다는 조건을 내세우는 별난 사람이 있었다. 다음의 스토리를 한 번만 읽어도 소기의 목적이 달성될 것이다.

14 전기충격을 받아 불안반응을 보이던 고양이

암기해야 할 내용

상호제지 이론이란 Pavlov의 고전적 조건화 이론을 근거로 하여 Wolpe가 주장한 이론이다.

이 이론은 전기충격을 받아 심한 불안반응을 보이던 고양이에게 배가 고플 때 음식을 주면서 동시에 전기충격을 가하면 불안해하지 않더라는 고양이 실험에 기초한 이론이다. 이 실험에서 알 수 있듯이 상호제지란 배고픈 고양이의 음식 먹는 행동이 불안반응을 억제하는 것을 말한다.

뽀글뽀글 단상

월페(Wolpe)의 상호제지이론에서 월페(Wolpe)와 상호제지이론을 어떻게 관련지을까?

왈패라는 말이 있다. 사전에는 「말이나 행동이 단정하지 못하고 수선스럽고 거친 사람. 한자를 빌려 '曰牌'로 적기도 한다」고 나와 있다. 왈가닥이라고도 하는데 주로 주먹깨나 쓰는 건달을 일컫는 말이다. 이런 왈패는 대개 동네마다 한두 명씩 있는데 가끔은 이들이 해결사 노릇을 하기도 한다.

월페(Wolpe)라는 이름을 보니 완력으로 일을 해결하는 해결사 왈패가 생각이 난다. 그런데 이번엔 사람이 아니라 전기충격을 받아 심한 불안 반응을 보이던 고양이를 제지하는 모습을 그려보자. 상호제지는 아무나 하나? 바로 왈패가 할 수 있는 것이다. 월페(Wolpe)라는 이름을 떠올리기 위해 「왈패」를 활용해 보자.

| Easy Memory |

전기충격을 받아 심한 불안반응을 보이던 고양이, 왈패가 나서서 상호제지했다.

15 | 너 키스하고 싶니?

암기해야 할 내용

여기에선 스키너(Skinner)의 도구적조건화 이론에 대해 알아두자.

뽀글뽀글 단상

스키너(Skinner)의 도구적조건화 이론에서 스키너(Skinner)와 도구적조건화 이론을 어떻게 관련지을까? 이 궁리 저 궁리하다 스키너(Skinner)라는 이름을 거꾸로 읽어보니 「너 키스」가 된다.

며칠 전 뉴스를 보니 공공장소에서 공공연히 입을 맞추는 행위를 규제하겠다는 터키정부의 발표에 지나친 자유침해라고 항의하는 사람들이

떼거리로 몰려나와 보란 듯이 입을 맞추는 장면이 나왔다. 개인의 자유를 어디까지 존중해야 할지 모를 일이다.

한편 드라마를 보면 선남선녀가 독특한 방법으로 하는 키스도 있다. 이를테면 솜사탕 키스와 알사탕 키스 장면은 시청자들을 부럽게 하기도 한다. 이것이 소위 도구를 사용한 키스라고 여기고 그 장면을 연상하며 다음 대화를 읽어보자. 물론, 스키너(Skinner)라는 이름을 떠올리기 위해 「너 키스」를 활용해본다.

| Easy Memory |

A: 너 키스하고 싶니?

B: 응

A: 그런데 조건이 있어.

B: 뭔데?

A: 직접 하지 말고 도구를 사용하자.

B: 별난 키스도 다 있구나.

A: 그게 바로 스키너(Skinner)의 도구적 조건화 이론에 의한 키스 방법이야.

16 | 프로정신이 있는 프로이드

암기해야 할 내용

정신분석학적 상담이란 정신분석학적 상담의 大家인 프로이드(Freud)가

125

제창한 상담방법으로 내담자의 무의식에 내재되어 있는 억압된 감정을 표출시킴으로써 부적응행동을 치료할 수 있다고 보는 상담을 말한다.

뽀글뽀글 단상

우리가 어떤 일에 종사하든 그 분야에서 보람을 느끼고 한발 더 나아가 성공도 하려면 프로정신이 있어야 한다. 그래서 어떤 이가 어떤 일을 남들이 부러워할 만큼 잘할 때 우린 「그 사람은 프로야」라고 한다.

가르치는 일도 마찬가지다. 대학을 졸업하고 시골 중학교에 발령을 받았다. 수업시간에 「선생님, 형용사가 뭔가요?」하고 한 학생이 질문을 한다. 뭐라 설명해야 될지 몰라 「형용사가 형용사지 뭐야」라고 대답을 했다. 교무실로 돌아야 생각해보니 자신이 한심스러웠나. 사전을 찾아보니 「사물의 성질이나 상태를 나타내는 품사」라고 되어있었다. 이대로 설명하면 아이들이 과연 이해를 할 수 있을까? 다음 시간이 되었다. 「있잖아, 형용사란 〈아름다운, 깨끗한, 맑은〉처럼 받침이 ㄴ으로 끝나는 말이라고 생각하면 좋아」 학생들이 고개를 끄덕였다. 프로교사란 자신이 알고 있는 지식의 양이 아니라, 지식을 전달하는 기술이 있어야 한다는 것을 깨달았다.

상담에서도 예외는 아니다. 프로정신을 가지고 상담에 임할 때, 소기의 목적을 달성할 수 있다. 프로이드와 정신분석학적 상담을 어떻게 연결해야 할까? 프로이드(Freud)라는 이름은 「프로」를 연상케 한다. 정신분석학적 상담을 떠올리기 위해 「정신」을 활용하여 두 단어를 합치니 「프로정신」이 된다. 문제가 간단히 해결된 셈이다.

17 프로정신으로 하는 상담기법이란

암기해야 할 내용

정신분석학적 상담기법에는 6가지 종류가 있다.

1) 자유연상법　　　2) 저항의 분석　　　3) 꿈의 분석

4) 감정전이　　　　5) 해석　　　　　　6) 최면술

뽀글뽀글 단상

여기에선 6가지 종류의 정신분석학적 상담기법을 기억하는 것을 목표로 삼자. 우린 가끔 꿈을 꾼다. 기분 좋은 꿈도 있지만, 기분 나쁜 악몽도 있다. 무의식상태로 내재되어 있던 것이 꿈으로 나타나는 것일지도 모른다.

가끔 악몽에 시달리는 꿈을 꿀 때 죽기 살기로 저항해봤자 소용이 없다. 「아, 빨리 꿈에서 깨어나야 하는데」라고 할 때도 있다. 악몽에서 깨어난 날은 왠지 조심스럽게 행동하게 마련이다.

꿈은 생생하게 기억되는 것도 있고, 그렇지 않은 경우도 있는데 프로정신이 투철한 해몽가가 최면을 걸어 꿈을 기억나게 하고 그 꿈을 분석하고 해석하는 모습을 떠올려보자.

아래의 내용이 무엇을 의미하는 지는 위의 6가지 종류와 비교해보면 알 수 있을 것이다. 프로이드의 정신분석학적 상담기법이란 말을 떠올리기 위해 프로정신으로 하는 상담기법이란 말로 시작해보자.

| Easy Memory |

프로정신으로 하는 상담기법이란 내담자에게 자유롭게 연상하도록 최면을 걸어서 간밤에 죽기 살기로 저항하던 꿈을 분석하고 해석하여 감정을 진정시켜주는 것이다.

18 집단 상담이 제대로 이루어지려면

암기해야 할 내용

집단 상담이란 한 사람의 상담자가 동시에 몇 명의 내담자들을 상대로 하는 상담으로 집단 상담의 과정은 아래와 같이 4단계로 이루어져 있다.

참여 단계 → 과도적 단계 → 작업 단계 → 종결 단계

뽀글뽀글 단상

예전에 근무하던 학교에는 집단 상담이 활성화되어 있었다. 각별한 관심을 가지고 2주마다 상담실을 두드리는 자원봉사자들에게 늘 고마움을 느꼈다. 그래서 집단 상담을 하는 날이면 약간의 다과를 준비했다. 그래야 상담 분위기를 편하게 만드는데 도움이 되기 때문이다.

집단 상담과정 4단계를 어떻게 소화시킬까? 참외를 과도로 깎는 작

업을 하는 상담실의 모습을 그려보자. 참여단계를 떠올리기 위해 과일인 「참외」를, 과도적 단계를 위해 과일을 깎는 데 사용되는 「과도」를 활용하자.

| Easy Memory |

19 이 험난한 세상에서 적응을 잘하려면

암기해야 할 내용

적응기제란 욕구불만이나 갈등을 합리적으로 해결해 갈 수 없을 때, 욕구충족을 위해서 비합리적인 방법을 취하는 것을 말하는데 적응기제의 종류에는 3가지 즉, 「방어기제, 도피기제, 공격기제」가 있다.

뽀글뽀글 단상

여기에선 그 종류를 알아두기로 하자. 기제의 이름을 보니, 공격이 최선의 방어라는 말이 떠오른다.

20 나라를 잘 방어하려면

암기해야 할 내용

방어기제란 불합리한 방법으로 자신의 약점이나 열등감을 보호하고 방어하려는 기제로 아래와 같이 7가지 종류가 있다.

① 반동형성 ② 투사 ③ 동일시 ④ 승화 ⑤ 치환 ⑥ 합리화 ⑦ 보상

뽀글뽀글 단상

일곱 가지 방어기제를 하나도 빠뜨리지 않고 기분 좋게 연관시킬 수는 없을까?

반동형성이라는 말을 보니 북쪽에서 즐겨 쓰는 말인 반동분자라는 단어가 떠오른다. 6·25전쟁 당시 얼마나 많은 이들이 변명조차 해볼 기회도 없이 진정한 투사마저도 반동분자라는 이름으로 처형당했는가? 반동분자와 진정한 투사는 엄밀히 구분되어야 한다.

이 당시 자신의 몸을 온전하게 방어한 사람들은 천운이었을 것이다. 억울하게 반동분자라는 낙인이 찍힌 채 음지에서 사는 사람들은 정신적 보상이라도 받아야 합리적일 것이며 그래야 국민들은 나라를 방어하는 일에 주저하지 않을 것이다.

본론으로 돌아가서 제목에 해당하는 방어기제라는 말을 떠올리기 위해 「방어하려면」을, 반동형성이라는 말을 위해 「반동분자」를, 합리화를 위해 「합리적」을 활용하자. 그리고 편의상 치환은 의인화해보자. 6·25전쟁 때 장렬히 싸우다 전사하여 고귀한 넋으로 승화한 「치환」이로.

| Easy Memory |

21 | 도피만을 생각하던 도피는

암기해야 할 내용

도피기제란 욕구불만으로 생긴 긴장이나 압박에서 벗어나려고 실제적 또는 심리적으로 현실도피를 함으로써 마음을 안정시켜보려는 기제로 도피기제의 종류에는 아래와 같이 4가지가 있다.

① 백일몽 ② 고립 ③ 억압 ④ 퇴행

뽀글뽀글 단상

요즘 뉴스에 유괴사건이 많이 보도된다. 유괴의 목적은 주로 돈을 요구하기 위해서이고 때론 싸이코에 의해서이다. 부모님이 물려주신 귀한 몸을 온전히 지켜나기기도 어려운 세상이다.

인적 없는 첩첩산중으로 유괴되어 100일 동안 고립된 가엾은 사나이가 있었다. 그의 이름은 도피였다. 어쩌면 이곳에서 도피할 수 있을까? 그는 도피만을 생각하며 하루하루를 보냈다. 궁리를 해봐도 뾰족한 수가 없었다. 갖은 억압을 받다 겨우 탈출한 그는 의젓했던 과거의 모습은 간데없고 어린아이처럼 퇴행의 길을 걸었다.

　제목에 해당하는 도피기제를 떠올리기 위해 도피를 의인화하고 백일몽을 위해 「100일」을 활용해보자.

| Easy Memory |

도피만을 생각하던 도피는 100일 동안 고립되어 억압을 받더니 의젓함은 어디 가고 퇴행하고 말았다.

22 　네 빈 머리로 연구하자니 갈등이 많이 생기겠다

암기해야 할 내용

　갈등이란 서로 모순되는 욕구를 동시에 만족시킬 수 없을 때 느끼는 심리적 상태로 레빈(Lewin)의 갈등 모형이 유명하다. 갈등 유형에는 3가지가 있다.
　① 접근–접근형의 갈등
　② 접근–회피형의 갈등
　③ 회피–회피형의 갈등

뽀글뽀글 斷想 Easy Memory

잔은 차야 맛이고, 님은 품어야 맛이다. 빈 술잔이 애주가에게 무슨 소용이 있으며 품지 않는 님 또한 무슨 소용이 있겠는가?

사고(思考)를 담당하고 있는 우리의 머리도 마찬가지다. 머리가 제대로 꽉 차있어야 제구실을 할 텐데 텅 빈 머리는 아무짝에도 쓸 데가 없다. 텅 빈 머리로 짜낸 교육지책은 없느니만 못하다. 어느 날 느닷없이 단세포적인 빈 머리에서 나온 탁상공론으로 인해 만들어진 OO정책 등으로 인해 그 부서에 몸담고 있는 얼마나 많은 사람들이 보람도 없는 일에 회의를 느끼며 시간을 낭비하고 있는가?

교육계를 비롯하여 어느 단체나 기관이든 정책을 입안(立案)하는 사람은 지능지수가 적어도 3자리는 되어야 한다고 믿는다. 여기에선 구체적인 갈등모형의 종류는 그만두고 갈등모형에 대해 연구한 사람이 레빈(Lewin)이라는 것만 신경 쓰자. 레빈이라는 이름을 보니 너의 빈 머리를 의미하는 「네 빈 머리」라는 말이 떠오른다. 텅 빈 머리로 어려운 연구를 하는 모습을 상상하니 가엾기까지 하다.

| **Easy Memory** |

네 빈 머리로 연구하자니 갈등이 많이 생기겠다. 시작한 김에 갈등 모형이나 연구하는 것이 어떨까?

암기해야 할 내용

인간은 점차 높은 수준의 욕구충족을 원한다고 생각한 인본주의 심리학자 일명 제3심리학자인 매슬로우(Maslow)는 인간의 욕구를 5단계로 나누었는데 이를 매슬로우의 욕구단계설이라 하며 낮은 수준에서 높은 수준으로의 욕구를 아래와 같이 밝히고 있다.

매슬로우(Maslow)의 욕구단계설

생리적 욕구 → 안전의 욕구 → 사회적 욕구 → 자아존중의 욕구 → 자아실현의 욕구

뽀글뽀글 단상

초등학교에 다닐 때, 난 몸이 둔해 뜀박질을 잘하지 못했기 때문에 운동회를 좋아 하지 않았다. 대개 7명이 한 조를 이루어 달리기 시합을 하면 항상 6등을 했다. 좀 유식하게 말하자면 「매우 슬로우」 모션이었던 것이다.

중요한 사실은 매우 슬로우 모션이라고 욕구마저 없는 것은 아니다. 매슬로우(Maslow)의 욕구단계설이 이 말을 입증하지 않는가? 이제 욕구단계설의 차례만 암기하면 되겠다. 매슬로우는 불행하게도 늘 생리가 불순했다고 가정해보자. 나머지는 읽어 보면 다 알 수 있을 테고 욕구단계설을 떠올리기 위해 「욕구」를, 자아존중의 욕구를 위해 「존중」을 활용하기로 하자.

매우 슬로우 모션인 매슬로우(Maslow)도 욕구는 있다. 그것은 바로 우선 생리가 안전해지면 사회에서 존중 받아가며 자아실현을 해보자는 것이다.

Check Up-2 제목만 보아도 솔솔 기억이 날까?

2장
교육원리

24-34

24   도전의 기본조건

암기해야 할 내용

교육의 기본조건에는 아래와 같이 4가지가 있다.
 : 의도성, 계획성, 가치지향성, 전인성

뽀글뽀글 단상

세상을 살다보면 해볼 만한 가치가 있다고 생각되는 일은 계획을 잘 세워 추진해도 의도대로 되지 않는 경우가 있다. 계획한 일이 의도대로 다 잘 된디면 이 세상에 성공하지 못할 사람이 어디 있겠는가? 힘들이시 않고 얻은 성공이 나를 감동시킬 만큼 큰 의미가 있을까? 일이란 힘들여 성취했을 때 그만큼 우리에게 더 큰 보람을 가져다준다.

어떤 일이 의도한 대로 안 된다고 전의를 상실하고 주저앉아서는 안 될 것이다. 그럴수록 도전해보는 정신이 우리에겐 필요하다. 고백하건데 나는 지금까지 어떤 일을 계획한 대로 실천해본 적이 한 번도 없다. 작심삼일이라는 말이 예외 없이 나에게도 적용됨을 항상 느끼게 된다. 아무 일도 하지 않을 땐 그리도 널널하던 시간이 계획을 세울라치면 잠잘 짬조차 나오지 않으니 알다가도 모를 일이다.

본론으로 돌아가서 대부분의 일이 그러하듯이 교육 또한 가치 있는 일을 계획을 세워 추진할 때 소기의 목적을 달성할 수 있다. 교육의 기본조건 4가지를 어떻게 암기할까? 읽어 보면 나름 그것이 무엇을 의미하는지를 알 수 있을 테고, 교육의 기본조건이란 제목을 떠올리기 위해 「도전의 기본조건」이란 말을, 전인성을 위해 「전의 상실」이라는 말을 활용하자.

25 교육목적 확실히 설정해둔 E.B.Wesley

암기해야 할 내용

E.B.Wesley의 교육목적 설정원리에는 4가지가 있는데 그것은 사회성의 원리, 현실성의 원리, 실현 가능성의 원리, 능력의 원리이다.

뽀글뽀글 단상

우린 학교에 입학해서 졸업할 때까지 수많은 수업을 받으며 보낸다. 그 많은 수업을 받는 동안 내가 그 과목을 좋아하게 된 동기를 부여해준 수업, 내 인생 목표를 설정하는데 도움을 준 수업과 진지했던 상담, 나에게 가치 있는 깨달음을 준 수업이 과연 얼마나 있었는지 모르겠다.

나에겐 영화시나리오 작가가 되고 싶어 하던 형님이 한분 있었다. 본인 스스로 청주고등학교 다니던 시절 영어 실력이 톱클래스에 속한다고 했다. 그 후배인 내가 고등학교 다닐 때 여름방학이 되어 시골에 내려갔을 때이다. 형님이 은근히 나의 영어실력을 테스트하면서 물어보던 일이 지금도 생생하다. 용원아, depend가 무슨 뜻이지? 그거야 '의존하다'지요. '의존하는'은 뭐야? dependent지요. '의존'은? dependence요. dependent의 반대말은? 내 실력은 여기까지였다.

형님은 설명을 이어갔다. 그건 independent야. 반대의 접두사 in을 붙여 만든 거야. independent의 명사는 independence야. 그럼 미국의 독립기념일은 뭐라고 할까? independence day? 그때 꼬리를 물고 이어지는 단어의 묘미를 느끼게 되었고 그 후로 영어에 더욱 관심을 갖게 되었다. 결국 형님은 내가 영어교사가 되는 계기를 마련해준 셈이다.

본론으로 돌아가서 E.B.Wesley라는 이름을 보니 교육방송 EBS가 떠오른다. EBS에서 사회과목을 맡고 있는 E.B.Wesley라는 강사가 있다고 가정하자. 그는 교육목적 확실히 설정해두었기 때문에 학생들에게 늘 꿈을 심어준다.

| Easy Memory |

교육목적 확실히 설정해둔 EBS 사회과목 강사 E.B.Wesley는 이 사회 현실은 꿈을 실현 가능케 하는 능력인을 요구하고 있다고 강조한다.

다양한 교육의 정의에 들어가기 전에

교육에 관심이 있는 교육사상가나 철학자들은 그들의 사상적 배경에 따라 교육에 대한 정의를 다양하게 내리고 있다. 세부적인 내용은 교육학 관련서적을 참조하기로 하고 여기에선 몇 가지만 소개하기로 하자.

칸트(Kant) : 교육만능설

"사람은 교육에 의해서만 사람다운 사람이 될 수 있다."

루소(Rousseau, J, J) : 교육의 가능성 주장

"식물은 재배에 의해서 자라고, 사람은 교육에 의해서 사람이 된다."

마리땡(Msritain, J) : 항존주의 교육

"교육은 神의 의사를 실현하는 과정이다."

뽀글뽀글 斷想 Easy Memory

암기해야 할 내용

칸트(Kant)는 "사람은 교육에 의해서만 사람다운 사람이 될 수 있다."며 교육 만능설을 주장했다. 이 말은 「교육에 의하지 않고는 사람다운 사람이 될 수 없다.」는 뜻이다.

뽀글뽀글 단상

칸트가 한 말을 어떻게 기억할 수 있을까? 「−가 될 수 없다」를 보니 영어단어 can't가 떠오른다. 그리고 보니 Kant와 can't는 발음도 철자도 유사하다.

| Easy Memory |

Kant는 can't (될 수 없다)라고 말한다. 「사람은 교육에 의하지 않고는 사람다운 사람이 될 수 없다.」고 그래서 교육이 만능이라고.

27   식물인간처럼 잠자코 있던 장 자크 루소

암기해야 할 내용

루소(Rousseau)는 "식물은 재배에 의해서 자라고, 사람은 교육에 의해서 사람이 된다."며 교육을 개인의 발전을 돕는 조성작용이라고 보았다.

루소가 '자연으로 돌아가라.(= Return to Nature.)'는 말로 유명하다는 것은 누구나 알고 있지만, "식물은 어쩌구저쩌구."하는 말이 그의 말인지 아는 사람은 드물다. 그렇다면 루소의 말이 식물로 시작된다는 것을 어떻게 떠올릴까? 원래 루소의 full name은 장 자크 루소(Jean Jacques Rousseau)이다. 장 자크 루소를 보니 「잠자코 있던 루소」가 그려진다.

식물인간은 아무 말 없이 잠자코 병상에 누워 있는 게 보통이지만 교육에 관심이 많았던 이분은 애써 한마디 한다. 위대한 이 분을 본의 아니게 식물인간 취급을 하게 되어 미안스럽다. 어쨌든 식물인간처럼 잠자코 있던 장 자크 루소라 생각하자.

| Easy Memory |

식물인간처럼 잠자코 있던 장 자크 루소 드디어 입을 열었다. "식물은 재배에 의해서 자라고, 사람은 교육에 의해서 사람이 된다."

28 말이 땡이지 땅을 항상 잡는 게 아니다

암기해야 할 내용

마리땡(Maritain)은 항존주의 교육철학자로 아들러, 허친스와 항존주의 교육을 전개했으며 "교육은 神의 의사를 실현하는 과정이다."라는 말로 유명하다.

마리땡, 항존주의, 神 그리고 그와 함께한 사람들을 묶어서 암기해보자. 크게 기대하지 않았던 일, 이를테면 누군가가 뜻하지 않게 복권에 당첨되면 '그 사람 땡잡았어.'라고 우린 말한다.

마리땡이란 이름을 보니 「말이 땡이지」가 문득 생각난다. 말이 땡이지 땡이 아무에게나 나오는 것은 아니다. 그건 바로 神의 의사가 실현된 것인가 보다.

항존주의를 위해 「항상」을, 아들러를 위해 「아들」을, 허친스는 아들 이름이라고 여기자.

| Easy Memory |

말이 땡이지 땡을 항상 잡는 게 아니다. 神의 의사가 실현되어야 한다. 그런데도 마리땡은 아들 허친스와 매주 복권을 샀다.

29 교육을 부정하는 그놈 불렀어?

암기해야 할 내용

교육부정설의 대표자는 롬브로소이다.

수업을 하다보면 참으로 유감스럽게도 수업도 중 만류에도 아랑곳없이 창틀을 뛰어넘어 잠적해버리는 학생이 더러 있다. 아마도 교육을 받아서 뭐하겠느냐는 심보일 것이다. 말하자면 교육의 가치를 부정하는 입장에 있는 것이다.

수업 중에 이런 변을 당한 교사는 화가 난 나머지 교무실로 돌아와 '지난 시간에 아무개가 글쎄 튀었어.'라고 실감 나게 말한다. 얼마간 시간이 흐른 다음 다른 교사가 물어본다.

'아까 그놈 불렀어? 혼을 내주지 그래.' 교육부정설의 대표자 롬브로소를 떠올리기 위해 「그놈 불렀어?」를 활용해보자.

| Easy Memory |

교육을 부정하는 그놈 불렀어? 교육부정설의 대표 롬브로소 말이야.

30 | 누가 가정교육을 가소롭다 했는가?

암기해야 할 내용

가정교육이 중요한 이유는 가소성 때문이다. 생소한 느낌이 드는 가소성이란 말은 사람이 환경의 영향을 받아 고정적인 상태로 변화해 가는 성질을 말한다.

요즘 학생의 사고방식이나 행동거지가 바람직하지 않으면 가정교육이나 학교교육, 그것도 아니면 사회교육 탓을 한다. 교육의 기본은 가정에서 비롯되기 때문에 학교교육이나 사회교육도 중요한 역할을 하지만 이에 못지않게 가정교육 또한 중요하다. 가정교육을 평가절하해서는 안 되는 이유가 여기에 있다. 더군다나 가정교육을 가소롭게 여기는 사람이 있다면 될 법한 소리인가?

마침 가정교육과 가소성이란 말이 가字 돌임이라 떠올리기가 쉽다. 가소성이란 말을 위해 「가소롭다」를 활용해보자.

| Easy Memory |

감히 누가 가정교육을 가소롭다 했는가? 가정교육은 가소성 때문에 중요하다.

31 　나랑 그랑 교육받는 평생교육이란

암기해야 할 내용

평생교육의 창시자는 랭그랑(Poul Lengrand)으로 그 이념은 4가지 즉, 전체성, 민주성, 융통성, 통합성이다.

뽀글뽀글 단상

사소한 일에 목숨 걸지 말라는 책이 있다. 이를테면 치약을 짜는 일로 다투었던 이가 생각보다 많은가보다. 치약을 어디서부터 짜야 하는지가 뭐 그리 대수냔 말이다. 피터지게 싸울 만한 가치가 없는 일에 우린 너무도 많은 에너지를 낭비한다. 나도 예외는 아니었다. 천만 다행히도 언제부턴가 치약 케이스가 부드러워져서 이젠 그 문제에서 해방되었다.

융통성이 문제이다. 불행하게도 제 버릇 개 못 준다고 그런 성격은 평생 고치가 어렵다. 그러니 평생교육을 통해서 민주적인 방법으로 고쳐야 한다. 융통성이 없어 생긴 치약 짜는 문제만큼은 적어도 평생교육이 해결해서 국민전체를 하나로 통합해야 하지 않을까?

평생교육의 창시자 랭그랑을 떠올리기 위해 「나랑 그랑」을 활용하고 평생교육을 위해 「평생 동안」으로 시작해본다. 물론 Easy Memory의 내용은 평생교육의 4가지 이념을 암기하자는데 목적이 있는 것이지 평생교육의 진정한 의미를 말하는 것은 아니니 혼동하지 않기를 바란다.

| Easy Memory |

평생 동안, 나랑 그랑 교육받는 평생교육이란 융통성 없어 다투는 국민 전체를 민주적인 방법으로 통합해주는 것.

32   그 교사는 권위 있어 보일 것이다

암기해야 할 내용

교사의 권위에는 3가지가 있다. 학교생활을 통제할 수 있도록 제도적으로 주어지는 「제도적 권위」 교육의 방법에 능한 것으로 인정되는 「기술적 권위」 교과에 대한 지식을 소유하는 것으로 인정되는 「지적 권위」가 그것이다.

뿌글뿌글 단상

교사의 권위가 땅에 떨어졌다고 한탄하는 교사가 많다. 경험에 의하면 아무리 체구가 왜소한 교사라도 실력이 탁월하면 아무도 함부로 대하지 않는다. 교사의 권위를 스스로 지켜나가야 하는 노력이 절실한 때이다. 그래도 기술선생님은 권위가 있는 모양이다. 3가지 권위를 떠올리기 위해 잘못된 제도 기술을 잘 지적해주고 있는 기술수업시간을 그려보자.

| Easy Memory |

그 교사는 권위 있어 보일 것이다. 기술시간에 제도 기술을 잘 지적해 준다면.

암기해야 할 내용

교사의 법규적 권리에는 4가지가 있으니 그것은 신분보장, 불체포특권, 교직단체활동권, 쟁송제기권이다.

뽀글뽀글 단상

교사에게도 나름 법으로 보장되는 권리가 있다. 쟁송제기권을 떠올리기 위해 「쟁쟁대니」를, 불체포특권을 위해 「체포되지 않으니」를 활용하자.

| Easy Memory |

교사에게도 나름 법으로 보장되는 권리가 있다. 교사는 교직단체 활동해도 체포되지 않으니 신분보장 되는 구나. 이것뿐이냐고 쟁쟁대니 쟁송제기권을 더 주더라.

34 특수교육 대상자도 정신 차리면

암기해야 할 내용

특수교육이란 특수교육 대상자의 특성에 알맞은 교과교육, 치료교육,

직업교육 등을 실시하는 것을 말하는데 특수교육 대상자의 종류에는 4가지가 있다. 그것은 정신 지체자, 시청각 장애자, 언어장애자, 학습장애자이다.

뽀글뽀글 단상

정신 지체자를 위해 「정신 차리면」을, 시청각 장애자를 위해 「시청각교구」를, 언어장애자와 학습장애자를 위해 「언어 학습」을 활용하자.

| Easy Memory |

특수교육 대상자도 정신 차리면 시청각교구로 언어 학습을 할 수 있다.

3장
교육심리와 교육과정

35-46

35 | 프로다운 성격은

암기해야 할 내용

프로이드(Freud)는 성적(性的) 에너지인 리비도(Libido)가 집중적으로 나타나는 신체부위를 중심으로 성격발달 단계를 아래와 같이 5단계로 나누었다. 그의 이론의 특징은 개인의 성격은 5~6세 이전에 완성되고 그 후의 발달은 이 기본 구조가 정교화되는 과정이라고 보고 있다.

※ 프로이드의 성격발달 5단계

구순기 → 항문기 → 남근기 → 잠복기 → 생식기

뽀글뽀글 단상

다 큰 사람의 변은 구리기가 두 번째 가라면 서럽지만 아가의 노란색 응가는 구수한 편이라 해도 과언이 아니다. 그러니 응가가 나오는 똥꼬 또한 구수할 수밖에 없다. 그래서 아가의 엄마들은 귀여워 죽겠다고 궁둥이에 얼굴을 비빈다. 서울에 사는 손녀가 지난겨울 유아원 방학을 맞아 우리 집에서 한 달간 머물렀다. 하루는 손녀가 뜸을 들이며 말했다.

"할아버지, 음……. 나 있잖아, 응가 나오게 문 열어줬어."

"아, 그래? 문 열어주길 참 잘했지?"

"응"

어쩌면 말도 그렇게 귀엽게 잘하는지 꼬옥 안아주었다.

본론으로 들어가서 프로이드의 성격발달 5단계를 떠올리기 위해 「프로다운 성격」을, 구순기를 위해 「구수한」을 활용해 보자.

프로다운 성격은 구수한 항문 옆에 남근을 잠복시켜 두었다가 때가 되면 생식기 구실을 하게 한다.

36 통통한 피그를 말리다

암기해야 할 내용

피그말리온 효과(Pygmalion effect)란 그리스신화에 나오는 조각가 피그말리온의 이름에서 유래한 심리학 용어로 로젠탈 효과 또는 자기 충족적 예언이라고 한다.

조각가였던 피그말리온은 아름다운 여인상을 조각하고, 그 여인상을 진심으로 사랑하게 된다. 여신(女神) 아프로디테는 그의 사랑에 감동하여 여인상에게 생명을 주었다. 이처럼 타인의 기대나 관심으로 인하여 능률이 오르거나 결과가 좋아지는 현상을 피그말리온 효과라 한다.

특히 교육심리학에서는 교사의 관심이 학생에게 긍정적인 영향을 미치는 심리적 요인이 된다는 것을 말한다. 이러한 사실은 로버트 로젠탈(Robert Rosenthal)교수가 실시한 지능검사에서 입증되었다.

뽀글뽀글 단상

여기에선 피그말리온 효과라는 용어와 로젠탈을 기억해보자. 간절히 바라면 조각된 여인상에게도 생명을 불어넣어 줄 수 있다니 애완동물 애호가가 통통한 피그를 날씬한 피그로 말리는 것쯤은 식은 죽 먹기일

153

것이다.

젠틀맨이 이런 일을 하는 것은 왠지 어울릴 것 같지 않다. 그래서 젠틀맨이 아닌 노 젠틀맨이 피그를 말리고 있다고 하자. 말하자면, 로젠탈을 떠올리기 위해 「노 젠틀맨」을, 피그말리온 효과를 위해 「피그를 말리다」를 활용한다는 것이다.

| Easy Memory |

통통한 피그를 말리다! 노 젠틀맨인 로젠탈이.

37 난 왜 이렇게 다혈질이지?

암기해야 할 내용

히포크라테스(Hippocrates)는 체액이 적당한 비율로 섞여 있지 않고 어느 하나가 너무 많거나 적으면 불완전한 기질을 갖게 되며, 지배적인 체액에 따라 기질이 결정된다고 보았다.

인간의 기질을 「다혈질, 담즙질 , 점액질」 등으로 나누어 성격을 설명했는데 이를 히포크라테스의 체액기질설이라 한다.

뽀글뽀글 단상

다혈질은 감정의 변화가 심한 반면, 낙천적인 성격으로 대인 관계가 좋고 담즙질은 행동이 기민하고 과단성이 있으나 실수가 많으며 점액질은 냉정하고 침착하며 사색적이라고 한다. 이들 중 난 어디에 속할까?

평생 고칠 수 없는 것이 성격이라고들 한다. 히포크라테스의 이론대로라면 체액에 따라 성격이 정해지니 체념하고 살아가는 도리밖에 없는 모양이다.

여기에선 히포크라테스가 체액기질설을 주장했다는 것만 관심을 갖자. 히포크라테스를 떠올리기 위해 히포크라테스를 「히프가 큰 사람」이라고 가정하고, 체액기질을 유도하기 위해 「체념」을 활용하자.

| Easy Memory |

A: 난 왜 이렇게 다혈질이지? 나도 내가 싫어.

B: (히프 큰 히포크라테스 왈)

체념하고 체액기질대로 살아.

38 자기 하우스 주소도 망각하는 어빙이

암기해야 할 내용

에빙하우스(Ebbinghaus)의 망각곡선(forgetting curve)이란 무의미철자(無意味綴字)를 재료로 하여 연구한 것으로 무의미철자를 암기하는 것과 같은 기계적 학습이 시일이 경과함에 따라 망각되는 모습을 나타내는 곡선을 말한다.

뽀글뽀글 단상

어떤 이들은 나이가 들수록 망각곡선이 가팔라져서 그런지 통 기억이

나지 않는다고 무척이나 서운해한다. 하지만 이를 서운해 하지 말고 오히려 감사해야 할 것 같다. 왜냐하면 시도때도 없이 찾아와 우릴 괴롭히는 불행한 일들을 언제 그랬냐는 듯 망각 덕분에 잊고 살 수 있기 때문이다. 또한 그 망각 덕분에 오랜 가뭄 끝에 촉촉이 내리는 단비처럼 이따금 찾아와 우릴 위로해주는 행복감이 더 빛을 발하기도 한다.

우린 시험을 준비할 때 보통 벼락치기를 한다. 밤을 지새워 암기해서 다음날 시험이 끝나면 대개는 애써 암기한 내용을 아깝게도 망각해버린다. 암기하고자 하는 내용에 나름의 의미를 부여하지 않고 무의미 철자를 암기하는 것과 같은 기계적 학습을 했기 때문이다. 연상암기법을 권하는 이유가 바로 여기에 있다.

여기에선 에빙하우스(Ebbinghaus)와 망각곡선을 관련지어보자. 멍청한 사람을 보고, 이빙이라고 한다. 오죽하면 자기 집 주소도 잊을까? 에빙하우스는 자기 하우스 주소도 망각하는 어빙이다. 멀쩡하다 못해 똑똑한 에빙하우스를 어빙이 취급하게 되어 민망하다.

| Easy Memory |

자기 하우스 주소도 망각하는 어빙이 에빙하우스가 감히 망각곡선을 논할 수 있을까?

암기해야 할 내용

크레취머(Kretschmer)의 체격기질설이란, 지배적인 체액에 따라 기질이 결정된다고 본 히포크라테스의 체액기질설과 달리, 체격에 따라 성격유형이 달라진다고 보는 견해이다. 그는 체격을 비만형, 수신형, 투사형으로 분류한다.

뽀글뽀글 단상

우리 가족의 작은 소망 중의 하나는 경치도 나름 괜찮은 조용한 시골에 밭을 마련하고 그곳의 일부를 아담한 정원으로 가꾸는 것이었다. 결국 15년 전쯤, 그런 소망이 현실이 되기 시작했다. 노력 끝에, 아쉬운 대로 이젠 그늘도 있는 정원을 갖게 되었다. 남이 보기엔 엉성하지만, 딴엔 정이든 지라 애착이 가는 곳이다. 물론 이렇게 되는 데엔 내조의 힘이 컸음은 두말할 나위도 없다. 몇 해 전부터 사람들이 가끔 찾아와주기도 하고, 때론 파티를 열기도 한다.

몇 년 전에 체격이 넉넉한 분들이 1박 2일 일정으로 그곳으로 놀러왔다. 그런데 놀랍게도 가지고 온 짐에서 사이다와 콜라가 각각 1박스 나왔다. 몸이 넉넉한 데는 다 그만한 이유가 있다는 생각이 들었다. 이 세상에 나 같은 사람만 산다면 아마도 음료수 공장은 문을 닫아야 할지도 모른다.

일행들 중엔 안면이 있는 사람도 있고 처음 보는 사람도 있었는데 그들 모두 내가 지금까지 만나본 사람들 중에 가장 편안함을 느끼게 해주었다. 마치 이렇게 하자고 해도, 저렇게 하자고 해도 「그래지 뭐」라고 답할 것처럼. 크레취머를 떠올리기 위해 「그래지 뭐」를, 체격기질설을 위해 「체격」을 활용해보자.

| Easy Memory |

40 노크도 할 줄 모르는 저 백지 같은 놈이

암기해야 할 내용

로크(J. Locke)의 백지설(白紙說, theory of tabula rasa)이란 인간의 마음은 본래 백지(Tabula Rasa)와 같아서 아무런 관념도 없으며 모든 관념은 후천적인 경험을 통해서 이룩된다는 학설을 말한다. 참고로 타블라 라사(Tabula Rasa)라는 말은 라틴어로 아무것도 쓰여 있지 않은 백지라는 뜻임을 알아두자.

뽀글뽀글 단상

민망한 실수를 한 경험은 오랜 세월이 지나도 잘 잊혀지지 않는다. 잊어야 할 건 잊어야 마음이 편한데 말이다.

스물셋 나이에 어느 시골 중학교로 발령을 받은 지 얼마 지나지 않아서였다. 볼일이 급한 나머지 노크도하지 않고 직원화장실 문을 벌컥 열었다. 아뿔싸, 그 자리엔 정년이 얼마 남지 않은 교장선생님이 볼일을 보고 있었다. 난 뜻밖의 실수에 놀라 문도 닫지 못하고 멍하니 서서 마치 아무런 개념도 없는 백지인양 그 광경을 바라보고 있었다. 그 분은 엉거주춤 바지를 올리며 어이없다는 듯 한마디 하셨다. '이 선생은 노크도 할 줄 몰라?' 뒤통수라도 얻어맞은 듯 내 머리는 백지처럼 텅 비었다.

로크(J. Locke)의 백지설 그리고 백지를 유식하게 Tabula Rasa라고 한다는 걸 어떻게 암기할까? 로크를 떠올리기 위해 「노크」를, 백지설을 위해 「백지」를, 타블라 라사(Tabula Rasa)를 위해 「다볼라」를 활용해보자.

| Easy Memory |

노크도 할 줄 모르는 저 백지 같은 놈이 바지를 올리지 않으면 다볼라.

41 내가 그런 웃기는 충동을 다 느끼다니

암기해야 할 내용

우드워스(Woodworth)의 충동이론이란 동기이론 중의 하나로 우드워스(Woodworth)가 도입한 개념이며 유기체로 하여금 어떤 활동을 하도록 작용하는 에너지를 말한다.

뽀글뽀글 단상

우린 어떤 일을 하고 싶은 충동을 거의 매순간 느끼고 결정하며 살아간다. 그러한 충동 중에는 머릿속으로 상상하기만 하는 것도 있고 용기를 내어 과감하게 실천에 옮기는 경우도 있다. 때론 충동의 내용이 우스워서 혼자 피식 웃기도 한다.

우드워스(Woodworth)의 충동이론을 어떻게 암기할까? 우드워스를 떠올리기 위해 「우스워서」를 활용하기로 하자.

| Easy Memory |

42 너라면 알 수 있겠지, 지식의 구조를?

암기해야 할 내용

브루너(Bruner)는 교과의 의미를 학문의 기저를 이루고 있는 기본개념과 원리로 보고 있는데 이를 「브루너(Bruner)의 지식의 구조(structure of knowledge)」라고 한다. 브루너(Bruner)의 지식의 구조는 나선형 교육과정과 밀접한 관계가 있다. 나선형 교육과정은 이를 가르치기 위한 교육과정의 조직형태이기 때문이다.

그는 탐구학습 방식으로 진행되는 지식의 구조를 학생들의 발달단계에 알맞게 번역하는 방법으로 3가지 표현방식 즉, 「상징적 표현, 영상적 표현, 작동적 표현」을 제시하고 있다. 또한 지식의 구조를 교육현장에 적용하는 방법인 그의 교수이론은 「지식의 구조, 학습의욕, 학습계열, 상벌」의 4가지 요소로 구성된다.

뽀글뽀글 단상

위에 열거한 브루너의 지식의 구조에 대해 모두 멘트할 방도가 무얼까? 브루너를 떠올리기 위해 「너를 부르네」를 활용해보자.

요즘에 '00를 사랑하는 모임, 00를 사모하는 모임'이 많다. 그래서 훌륭한 브루너를 사모하는 의미에서 브루너 사모곡을 지어본다.

| Easy Memory |

[브루너 사모곡]

너라면 알 수 있겠지, 지식의 구조를? 너를 부르네, 목 놓아 부르네. 지식의 구조를 알려달라고.

지식의 구조 탐구해보니 나사못처럼 잘도 돌아가는 나선형 교육과정이구나.

브루너가 제시한 대로 상징적 표현 영상에 담아 작동시켜 보아야겠군.

지식의 구조를 알고 나니, 학습의욕 절로 나고 학습계열도 알겠구나. 상을 줄까 벌을 줄까 브루너에게.

브루너의 교수이론 4요소까지 통달했으니 이젠 좀 쉬어야겠다.

암기해야 할 내용

피터즈(Peters)는 교과를 「교육개념의 인지적 기준의 상세화」라고 했다. 이를 Peters의 지식의 형식(forms of knowledge)이라고 한다.

뽀글뽀글 단상

고등학교에 다닐 때이다. 지금은 번화가가 되어 옛날 모습을 찾아볼 수 없지만 모교에서 얼마 떨어져 있지 않은 조그만 동산아래 작은 마을에서 친구들과 같은 집에서 하숙을 했다. 너나없이 시험기간이 발표되면 며칠 앞서 꼬박 밤을 새워가며 공부를 했다. 시험이 끝나는 날이면 졸음이 끝없이 몰려와 낮부터 깊은 잠에 빠져들곤 했다. 여름이면 펌프에서 나오는 시원한 물에 등목을 하고 난 후에 말이다.

그런데 그중에 이해할 수 없는 친구가 딱 한 명 있었다. 그는 시험이 끝나 우리들 모두 자유를 만끽하는 날도 밤이 이슥하도록, 구체적으로 말하자면 새벽 3시쯤까지 어느 때는 머리를 질끈 동여매고 수학문제를 풀고 영어단어를 외었다.

코피 터지게 열심히 노력하던 친구였지만 성적이 오르지 않자 어느 날 그가 내게 고백을 했다. 아무리 우리 학교 애들이 공부를 잘한다고 하지만 내가 읍 소재지에 있는 중학교에 다닐 때는 3년 동안 1등만 했었는데… 친구가 많이도 속이 상했던 모양이다. 개의치 않고 노력한 그는 결국 전교 2등으로 졸업을 하게 되었고 소위 S대를 나와 미국유학을 다녀와서 모 대학의 교수로 지내고 있다.

끈기의 화신과도 같은 친구였기 때문에 나는 학생들과 상담을 할 때, 이 친구에 대한 이야기를 해주는데 아낌없이 많은 시간을 할애하곤 했다. 코피 터지게 공부해도 안 된다고 하는 사람은 공부하는 방법에 문제가 있을 것이다. 여기에선 피터즈와 지식의 형식만을 관련지어보자. 피터즈를 떠올리기 위해 「코피 터지게」를 활용해보자.

| Easy Memory |

코피 터지게 공부해도 피터즈는 머리 나빠 알맹이는 모르고, 지식의 형식만 알 뿐이라네.

44 원하는 남자는 누구든 논 부칠 자유가 있다

암기해야 할 내용

7자유학과(seven liberal arts)란 교과중심 교육과정에서 중요시되는 교과로 그리스와 로마시대부터 시작하여 중세에 걸쳐 교수(教授)되어 오던 과목이며 「문법·수사학·논리학의 3학과, 산수·천문학·음악·기하학의 4과」를 말한다. 오늘날의 교양교육도 이들 7자유학과의 교육에서 연유한다고 할 수 있다.

뽀글뽀글 단상

어떤 동네는 남자에 비해 여자의 수가 특히 많다고 한다. 이유인 즉, 그런 동네의 뒷산은 여성의 성기와도 같은 모양을 하고 있어, 말하자면

음기가 서려있어 남자의 수명이 길지 않다는 것이다. 하지만 이런 곳에서
도 원하기만 하면, 어떤 남자든 정착하여 논 부칠 자유는 있을 것이다.

7자유학과의 종류를 머리글자를 따서 암기하기로 하자. 7자까지 기억
하기 위해 편의상 「논 부칠 자유」라는 말을 사용해보자.

| Easy Memory |

원하는 남자는 누구든 논 부칠 자유가 있다. 문제는 문수네 논이
있는 산천에 음기가 서려있다는 것이다.

45 단원에게 한잔하라고 돈 잘 질러대는 기분파 단장님!

암기해야 할 내용

단원이란 통일된 특정 자원을 중심으로 한 학습경험의 한 조직으로,
질러(Ziller)가 단원의 개념을 처음 사용한 사람이다. 단원의 종류에는 다
음과 같이 5가지가 있다. 「교재단원, 학습단원, 자료단원, 학문단원, 경
험단원」

뽀글뽀글 단상

공연이 성공적으로 끝날 때마다 전 단원에게 술 한잔하라고 돈을 질러
대는 기분파 단장이 있었다. 이 사람이 바로 단원이란 용어를 처음 사용
한 질러이다. 이 단장은 이상하게도 단원의 종류도 잘 알고 있다고 가정
해보자.

단원에게 한잔하라고 돈 잘 질러대는 기분파 단장님! 단원의 종류에는 어떤 것이 있지요? 교재를 잘 보면 학습 자료 단원에 다 나와 있어. 학문을 경험케 하는 단원의 종류가 모두 말이야.

46 깐깐한 교수들이 요목조목 따져가며

암기해야 할 내용

우리나라 교육과정의 변천과정(5단계)은 아래와 같다.

「교수요목 시대 – 교과과정 시대 – 교육과정 시대 – 학문중심 교육과정 시대 – 인간중심 교육과정 시대」

이 후론 5차, 6차, 7차 교육과정으로 이어지고 있다.

뽀글뽀글 단상

교수들은 직업이 직업인지라 대개는 성격 또한 깐깐하다. 깐깐한 교수들은 학점이 짜기도 하지만 인간미도 별로 없는 것 같다. 실력도 있고 인간미도 넘친다면 얼마나 좋을까?

공연히 덕망 높은 교수님을 헐뜯으려고 하는 말은 아니다. 우리나라 교육과정의 변천과정이 교수요목 시대로 시작해서 인간중심 교육과정 시대로 이어져 감을 말하려고 하는지를 예리한 이들은 이미 눈치챘을 것이다.

우리나라 교육과정의 변천과정(5단계)을 차례대로 어떻게 암기할까? 아

165

래 내용을 편안한 마음으로 몇 차례 읽다보면 해결될 것이다. 물론 아래
의 내용은 다만 순서일 뿐 실제 내용과는 다르다.

| Easy Memory |

깐깐한 교수들이 요목조목 따져가며 교과 교육을 학문중심으로 하
더니, 이젠 인간미 넘치게 인간중심으로 교육한다.

Check Up-4 제목만 보아도 솔솔 기억이 날까?

4장
서양교육사

47-56

암기해야 할 내용

아리스토텔레스는 일원론을 제시한 현실주의자이며 플라톤은 이원론(이상계 + 현상계)을 제시한 이상주의자이다. 참고로 플라톤이 이상주의자라는 것은 인구에 회자하는 Platonic love(정신적 연애)라는 말로 가히 짐작할 수 있을 것이다.

뽀글뽀글 단상

가깝게 지내는 사람들 중에 이따금 아리송한 말을 해서 사람들을 어리둥절하게 하다가 결국은 폭소를 자아내게 하는 이가 있다. 약방에 감초와도 같은 역할을 하는 이런 이들 입담이 우릴 기쁘게 한다. 이런 이들 대부분이 인정이 많다. 빌려준 돈을 받으러 갔다가 찢어지게 가난한 모습을 보고는 오히려 자기 쌈짓돈까지 플러스해서 주고 오는 그런 사람이다.

땡전 한 푼 없을 때는 일원도 아쉬울 때가 있다. 아리스토텔레스가 일원이 없어 한스러워하는 모습을 그려보자. 아리스토텔레스를 떠올리기 위해 「아리송한 말을 잘하는」을, 플라톤을 위해 「플라스」를, 일원론과 이원론을 위해 각각 「일원, 이원」을 활용하자.

사실 아래의 내용은 나의 연상암기법의 원조이다. 처음 그들의 일원론과 이원론을 암기했을 때는 구분을 잘할 수 있었지만 얼마간 시간이 흐른 후엔 누가 일원론이고 누가 이원론인지 혼란스러웠다. 그래서 아! 이렇게 암기해선 안 되겠구나! 세월이 지나도 기억되게 할 방법을 찾아야겠다는 결론에 이르게 되었다.

48 | 소피를 보다 한 걸음 더 나아가려면

암기해야 할 내용

소피스트(Sophist)와 관련이 있는 근대의 교육 철학은 진보주의이다. 우린 Sophist라는 말을 궤변가(詭辯家)라는 의미로 사용하는 경우가 많은데 실은 B.C. 5세기 후반부터 그리스 특히 아테네에 나타났던 직업적 계몽 교사를 총칭하는 말로 현명한 사람 즉, 賢者을 의미한다.

뽀글뽀글 단상

화장실 문화가 발달한 지금은 볼일을 보러 어딜 가나 낯익은 문구가 있다. '아름다운 사람은 머문 자리도 아름답습니다.' '한걸음 더 다가서면 기분도 상쾌해집니다.' 화장실 문화 캠페인의 결과물들이다.

소피란 '오줌'을 완곡하게 이르는 말이다. 소피를 보러 갔다가 '한걸음 더 다가서면 기분도 상쾌해집니다.'를 읽다보면 나도 모르는 사이에 빙긋이 시키는 대로 하게 된다. 경험상 지시에 잘 따르면 결과도 좋은 것 같다. 그런데 소피를 보면서 진일보하다간 낭패를 당하게 되니, 주의해야 한다. 그래서 현명한 사람들은 진일보 후에 소피를 보는 것이다.

여기에선 소피스트와 관련 있는 근대의 교육 철학은 진보주의임을 알아두자. 소피스트를 떠올리기 위해 「소피」를, 진보주의를 위해 「진일보할 때 주의」를 활용하자.

| Easy Memory |

소피를 보다 한 걸음 더 나아가려면 즉, 진일보하려면 주의해야 한다.

49 너, '너 자신을 알라.'는 말 알지?

암기해야 할 내용

소크라테스의 교육사상은 지덕합일(知德合一)이다. 그는 교육목적은 선을 알아서 실행하는 사람 즉, 도덕적 인간의 육성이라며 지덕합일을 주장했다.

뽀글뽀글 단상

인터넷 유머에 나오는 처의 종류를 보니 그럴듯하다. 고래고래 악을 쓰면 악처, 현모가 두 여자를 거느리면 현모양처, 아침마다 요강을 비우면 조강지처 등. 소크라테스 뒤에는 상스러운 욕 등으로 남편을 경멸하여 악처의 대명사가 된 그의 아내 크산티페(Xanthippe)가 있다. 생각해 보면 소크라테스가 유명한 철학자가 된 것은 악처 덕인지도 모를 일이다. 왜

뽀글뽀글 斷想 Easy Memory

냐하면, 악독한 아내라도 효자보다 오히려 낫다는 의미의 효자 불여악처 (孝子 不如惡妻)라는 말이 있기 때문이다.

좌우지간 남편인 소크라테스에게 늘 상스러운 욕을 하는 아내가 이번 엔 모처럼만에 남편에게 욕을 먹는 일이 벌어졌다고 상상해보자. 안 보 아도 부처님 손바닥이라고, 자기에게 욕을 한다고 평소보다 걸쭉하게 내뱉었을 것이다. 이때 남편 왈, 너 자신을 알라.(Know thyself.= Know yourself.) 이 말에 아내 쇼크를 받으니, 남편은 갑자기 일본말을 하는 듯 쇼크라고? 쇼크라 데스?라고 한다. 소크라테스를 떠올리기 위해 「쇼크라 고? 쇼크라 데스?」를, 知德合一을 「알지=知」를 활용하자.

| Easy Memory |

너, '너 자신을 알라.'는 말 알지? (知德合一) 쇼크라고? 쇼크라 데 스?

50 웅변 가르친다고 균틸리야 있겠는가!

암기해야 할 내용

제정 로마시대의 교육사상가 퀸틸리아누스(Quintilianus)는 교육목적을 키케로처럼 웅변가 양성에 두고 수사학교를 설립하여 웅변술을 강의했으 며, 「웅변교수론」을 저술했다.

기성세대가 어렸을 때와는 달리 요즘 아이들은 불쌍한 생각이 든다. 그놈의 공부가 뭔지, 온종일 학교에서 시달리는 것도 부족해 방과 후엔 학원에서 시달리니 말이다. 보기에도 안쓰럽다. 사회가 강요한다고도 할 수 있고, 부모의 한풀이 교육일 수도 있다. 이러한 요즘 아이들에게 무슨 어린 시절의 아름다운 추억이 있겠까? 산으로 들로 때론 개울로 떼 지어 다니며 자연의 일부가 되어 놀던 기성세대들의 그런 추억은 상상조차 할 수 없을 것이다.

독불장군처럼 살아가기란 어렵다. 그래서 초등학교시절 아들도 남들처럼 여러 학원에 다녔다. 아들을 키우면서 그나마 잘한 일 중의 하나는 웅변학원에 보낸 것이다. 그 덕분인지 지금은 가끔 대중 앞에서 득강을 하기도 한다.

여기에선 퀸틸리아누스와 그의 저서 웅변 교수론만 기억해보자. 수사학교를 세우고 「웅변 교수론」을 저술한걸 보니 말 빨 한번 세겠구나. 말 빨 센 사람은 침을 튀기며 말하기도 하니 균이 튀어나올지도 모른 일이다. 하지만 균이 튈리야 있겠는가? 그래서 균이 튈지도 모르고 웅변에 열중한 퀸틸리아누스의 모습을 상상하자. 퀸틸리아누스를 떠올리기 위해 「균틸리야」를, 웅변 교수론을 위해 「웅변 가르친다고」를 써먹자.

| Easy Memory |

열라 웅변 가르친다고 균틸리야 있겠는가! 웅변교수론을 쓴 퀸틸리아누스야.

암기해야 할 내용

때는 바야흐로 1642년, 고타의 영주 에른스트(Ernst)公이 아동의 취학
의무를 세계최초로 선포했는데 이를 고타(Gotha)교육령이라 한다.

뽀글뽀글 단상

고타(Gotha)교육령이란 이름은 특별한 의미가 있는 것이 아니라 고타라
는 지역이름에서 따온 것임을 알 수 있다. 1642년에 선포한걸 보면 아동
의 취학의무는 생각보다 역사가 꽤나 깊다. 예나 지금이나 백성을 교육
하는데 관심이 많았나 보다. 왠지 고리타분한 냄새를 풍기는 고타에서도
령을 선포했으니 말이다.

고타를 떠올리기 위해 「고리타분한」을, 영주인 에른스트(Ernst)公을 위해
「어른스런 영주」를, 취학의무를 위해 「Go to school」을 활용하자.

| Easy Memory |

고리타분한 고타의 어른스런 영주 에른스트公은 「Go to school」이
라고 부르짖으며 취학의무를 세계최초로 선포했으니 이것이 그 유
명한 고타(Gotha)교육령이다.

<h1>52   아무리 근대적인 교사라고 해도</h1>

암기해야 할 내용

비토리노(Vittorino)는 문예부흥시대에 궁정학교 교장으로 인문주의 교육에 헌신한 「최초의 근대적인 교사」라는 칭호를 받은 교육사상가이다.

뽀글뽀글 단상

녹음기도 없고 원어민도 없던 시절 외국어교육을 담당한 교사들은 자신의 발음이 정확한지도 모른 채 학생들을 가르치는 일이 있었다. 버릇이 된 탓인지 우리들조차도 혀가 마음대로 잘 돌아가지 않는다.

현대적인 교사가 아니라 아무리 근대적인 교사라고 해도 빅토리를 비토리로 발음한다면 교사로서 No일 것이다. 하지만 그나마 알고 있는 사람이 없다면 교사로서 채용될 수밖에 없다.

비토리노(Vittorino)를 떠올리기 위해 「빅토리」를, 최초의 근대적인 교사를 위해 「근대적인 교사」를 활용해보자.

| Easy Memory |

아무리 근대적인 교사라고 해도 빅토리를 비토리로 발음한다면 교사로서 No가 아닐까? 그러나 비토리노는 최초의 근대적인 교사라는 칭호를 얻었다.

53 "우리 모두 공교육에 공드리세."

암기해야 할 내용

프랑스의 콩드레세(M. Condorcet)는 공교육을 주장했다. 19세기 프랑스의 국가주의 교육사상가인 콩드레세의 교육개혁안에 의해 1828년 교육부가 독립되고 국민교육제도가 체계적으로 수립되었다고 한다.

뽀글뽀글 단상

일간지에 한동안 〈공교육이 무너지고 있다〉는 기사가 연재되었다. 교육 가족의 마음을 아프게 하기에 충분했다.

콩도르세를 떠올리기 위해 「공 드리세」를 활용해보자.

| Easy Memory |

"우리 모두 공교육에 공드리세."라고 콩도르세가 주장했다.

54 파카를 입은 파커가 시킨 운동이

암기해야 할 내용

미국의 신교육 개척자인 파커(Francis Wayland Parker)는 페스탈로찌 정신을 교육에 실천하자는 퀸시운동(Quincy Movement)을 주도한 사람으로 유명하다.

우리는 한겨울이면 방한복인 파카를 입고 운동을 한다. 요즘 파카는 품질이 좋아 아무리 추운 날도 견딜 수 있게 해준다.

추운 겨울날 파카를 입은 파커가 시킨 운동이 바로 그 유명한 퀸시 운동이라고 가정해보자. 시킨 운동에서 시킨을 거꾸로 하면, 퀸시와 유사하니 마침 잘되었다. 파커를 떠올리기 위해 「파카」를, 파커의 퀸시운동을 위해 「파커가 시킨 운동」을 활용하자. 그리고 소화가 조금만 안 되는 듯싶으면 어느 제약회사에선가 만들어낸 훼스탈을 입에 달고 사는 사람도 있다. 이런 사람은 훼스탈로 찌든 정신의 소유자라 할 수 있다. 페스탈로찌 정신을 위해 「훼스탈로 찌든 정신」도 함께 써보자.

| Easy Memory |

파카를 입은 파커가 시킨 운동이 바로 그 유명한 퀸시 운동이다. 이는 훼스탈로 찌든 정신을 몰아내고 진정한 페스탈로찌 정신을 교육에 실천하자는 운동이다.

55 코가 메여 코 감각이 없는 코메니우스

암기해야 할 내용

코메니우스(Johann Amos Comenius)는 교육방법으로 감각을 통한 직관을 중요시한 17세기의 감각적 실학주의자로서 시청각 교재인 〈세계도회〉를 저술한 것으로 유명하다.

뽀글뽀글 단상

이 세상에는 역경을 딛고 의연히 일어서서 많은 이들에게 모범이 되는 사람이 있다. 양팔이 없는 몸으로 철인 3종 경기에 출전하는 이가 있는가 하면, 어릴 때 성홍열(猩紅熱)로 귀머거리, 소경, 벙어리가 되었으나 이에 굴하지 않고 일어나 여류 문필가이자 사회사업가로 활약한 미국의 헬렌 켈러(Helen Adams Keller)같은 이도 있다.

이들은 조그만 역경에도 힘겨워하는 우리들에게 많은 것을 시사해 준다. 코감기에 자주 걸려, 코가 메여 코 감각이 없는 이가 있다고 하자. 이런 사람은 자신의 약점을 장점으로 살려 감각에 관한 한 세계적으로 유명한 사람이 될 수도 있을 것이다.

코메니우스가 바로 그런 사람이라고 가정해보자. 여기에선 그가 감각적 실학주의자이며 세계도회를 저술했음에 유의하자. 코메니우스와 감각적 실학주의자를 떠올리기 위해 「코가 메여 코 감각이 없는」을, 그의 저서 세계도회를 위해 「세계」를 활용하기로 하자.

다음은 인간승리 코메니우스에 대한 기사의 소제목처럼 보인다.

| Easy Memory |

코가 메여 코 감각이 없는 감각적 실학주의자인 코메니우스 마침내 세계적으로 유명한 세계도회 저술하다.

암기해야 할 내용

19세기 미국의 교육사상가인 호레이스 만(Horace Mann)은 공교육제도의 확립에 공헌하여 미국 공교육의 아버지라고 불리는 사람으로 미국 최초의 사범학교를 설립한 것으로 유명하다.

뽀글뽀글 단상

19살 때이다. 운동에는 재주가 없는 사람이 무언가 배워야겠다는 생각에 합기도 도장을 다니게 되었다. 1년쯤 다니다 무슨 연유에서인지 중단을 했다. 승단은 못하고 빨간 띠까지 올라갔던 것으로 기억된다. 시작은 있으나 끝이 없는 것이 아쉬움으로 남는다.

어떤 분야에서건 경지에 오른 사람을 보면 존경스럽다. 그때 관장 겸 사범이었던 분이 얼마나 멋있어 보였는지 모른다. 실력 있고 매너 있고 인상도 좋고 말씀도 잘하고 게다가 미남이기도 했었으니까. 가끔 그분은 지금 어떤 모습으로 어떻게 살고 계실까 궁금하다.

멋진 사범이면서 유일한 취미인 카 레이스만을 하며 살기에, 날이면 날마다 하하 호호하며 행복해하는 분이 있다고 하자. 그런데 마침 그의 꿈이 사범학교를 설립하여 후진을 양성하는 것이라면 그에 가장 어울리는 이름이 바로 호레이스 만(Horace Mann)이 아닐까? 호레이스 만과 사범학교 설립을 떠올리기 위해 「하하 호호하며 카 레이스만을 즐기는 멋진 사범」으로 시작해보자.

하하 호호하며 카 레이스만을 즐기는 멋진 사범, 호레이스 만 드디어 미국 최초의 사범학교 설립하다.

Check Up-5 제목만 보아도 솔솔 기억이 날까?

5장
교육통계, 평가, 연구

57-72

암기해야 할 내용

측정치 척도의 종류에는 4가지가 있다. 기능에 따라 가장 이상적인 척도 순으로 배열하면 비율척도 〉 동간척도 〉 서열척도 〉 명명척도 順이다.

뽀글뽀글 단상

처형이나 처제의 남편을 동서라 한다. 동서지간에도 서열이 있어서 손위 동서, 손아래 동서라고들 한다. 그런데 누가 손 위고 아래인지 천방지축으로 행동하는 이도 있다. 동서도 서로 잘 만나야지, 그렇지 않으면 관계가 불편할 수 있다. 동서들 간에 특히 말하기 기능이 시원찮아, 술 한잔 하면 헛소리를 잘하는 이가 있다고 하자. 차라리 동서지간이 아니기를 바랄 수도 있다. 말하자면 차라리 비(非)동서라고 하는 게 나을 그런 동서 말이다. 이쯤 되면, 나머지 동서들끼리 모일 때면 그를 비 동서라고 명명하고 싶거나 차라리 아는 척도 하지 않기를 바랄 수도 있다.

본론으로 돌아와서 측정치 척도의 종류를 떠올리기 위해 「아는 척도 하지 마」를, 기능에 따른 배열을 위해 「자네 기능이 시원찮으니」를, 비율척도 〉 동간척도 〉 서열척도 〉 명명척도 順을 위해 「비 동서라 명명」을 활용해보자.

58 평균 사분 범위 내에서 **표준편차도 구하는 실력**

암기해야 할 내용

변산도(變散度)란 일명 산포도(散布度)라고 하는데 말 그대로 한 분포가 얼마나 흩어져 있느냐의 정도를 나타내며 4가지 종류 즉, 「범위, 사분편차, 평균편차, 표준편차」가 있다. 또한 변산도 지수로 한 집단의 동질성과 이질성을 파악할 수가 있다.

뽀글뽀글 단상

포도로 유명한 곳은 어디, 참외로 이름난 곳은 어디. 이처럼 지역마다 특산물이 있다. 서해안에 돌출한 반도인 변산반도는 국립공원으로 채석강과 신라 때 창건된 내소사 등으로 유명하다. 이러한 변산반도에 여행을 간 일행이 마침 포도가 먹고 싶어 포도를 자그마치 4상자를 샀다. 포도로 유명한 곳이 아니기에, 이 포도가 포도로 유명한 곳의 포도와 질이 동일한 건지 아닌지 파악을 해볼 필요가 있었다. 4상자라 평균 4분 동안 시간을 주고 파악해보도록 했다. 다행히도 변산반도에서 산 포도는 좋은 것으로 결론이 났다.

변산도(變散度), 일명 산포도의 종류에 4가지가 있음을 떠올리기 위해

「변산반도에서 산 포도 4상자」를, 종류의 내용을 위해 「평균 사분 범위 내에서 표준편차도 구하는 실력」을 활용해보자.

| Easy Memory |

일행은 평균 사분 범위 내에서 표준편차도 구하는 실력이니, 변산반도에서 산 포도 4상자가 변산도 지수로 동질인지 이질인지는 쉽게 파악할 수 있다.

59 교수목표를 진술해달라는 부탁을

암기해야 할 내용

메이거(Mager)는 교수목표가 구체적으로 무엇을 의미하는지를 나타내기 위해서는 목표 진술시 「전제조건, 수락기준, 행위동사를 사용해야 한다」고 했는데 이를 메이거의 교수목표 진술방식이라 한다.

뽀글뽀글 단상

우린 살아가면서 부득이하게 남에게 부탁을 하기도 하고, 받기도 한다. 부탁을 하여 상대방을 불편하게도 하고, 부탁을 받아 곤란에 처하기도 한다. 난 가급적이면 부탁을 하지 않는 편이지만 어쩔 수 없이 하는 경우도 있다.

모 여고에 근무할 때, 학적관련 업무를 맡은 적이 있었다. 옛날에는 졸업장의 인적사항을 붓글씨로 써야만 했다. 받는 사람에게는 소중한 의미가 있는 것인지라 글씨에 자신이 없는 나로선 부탁하는 도리밖에 없었는데, 문제는 한두 장이 아니라는 것이다. 600명이 졸업하니, 졸업장이 자그마치 600매에다 그 외의 상장 등을 합치면 족히 1,000매는 되었다. 졸업시즌만 되면 두어 달 전부터 부탁할 일이 걱정이었다. 나의 걱정과는 달리, 붓글씨를 잘 쓰는 동료교사는 쾌히 수락을 해주었다. 그때의 고마움은 세월이 지난 지금도 잊혀 지지 않는다.

배가 터지도록 실컷 먹을 때, 골이 메이게 먹는다고들 한다. 이번엔 교수목표를 대신 진술해달라는 부탁을 받고, 조건 없이 수락해주어 고마운 나머지 골이 메이도록 대접받는 경우를 가정해보자.

수락기준과 행위동사를 떠올리기 위해 「수락한 행위」를, 메이거(Mager)를 위해 「메이거나 말거나」를 활용해보자.

| Easy Memory |

교수목표를 진술해달라는 부탁을 전제조건 없이 수락한 행위 덕분에 골이 메이거나 말거나 실컷 얻어먹었다.

60 | 야, 제발 주제 파악 좀 하면서 살아라

암기해야 할 내용

주제통각검사(TAT)란 1935년 하버드대학의 머레이(Murray)와 모오건(Morgan)이 고안한 것으로 애매한 그림에 대한 반응을 통하여 피험자의 욕구 등 성격을 알 수 있다. 방법은 아래와 같다.

* 30매 그림과 1매 흰색카드를 사용한다.

* 20매 카드를 선택하여, 두 번에 걸쳐 실시한다.

* 피검자에게 그림카드를 보여주고, 그 반응을 분석한다.

뽀글뽀글 단상

사람이 살다보면 해야 할 말이 있고, 해서는 안 될 말이 있다. 싫어도 해야 될 일이 있고, 하고 싶어도 해서는 안 될 일이 있다. 남의 일이지만 참견해야 할 때가 있고, 참견하지 말아야 할 때도 있다. 슬기롭게 처신하며 살아가는 지혜가 필요하다. 그래서 이런 지혜가 평균보다 모자란 사람은 까칠한 성격의 소유자로부터 '야, 제발 주제 파악 좀 하면서 살아라.'는 핀잔을 듣게 된다.

하지만, 주제 파악을 하며 사는 것이 결코 쉬운 일은 아니다. 툭하면 주제 파악을 못하여, 주제 파악 못함을 통감하는 이가 결국엔 주제 파악 검사를 받아야하는 경우가 있다고 하자. 주제통각검사를 떠올리기 위해 「주제 파악검사」를, 고안자인 머레이(Murray)와 모오건(Morgan)을 위해 뭐래와 뭐건의 유사음인 「머래와 모건」을, 주제통각검사의 약어인 TAT을 위해 '탓하다'의 「탓」을 활용하여 대화를 한다.

| Easy Memory |

A: 야, 제발 주제 파악 좀 하면서 살아라.

B: 재가 머래?

C: 그게 모건, 넌 주제 파악 검사만 받으면 돼.

B: 알았어. 널 탓하는 건 아니야.

61 임의대로 상대방을 평가해선 절대 안 되듯

암기해야 할 내용

교육평가의 형태는 평가기준에 따라, 3가지 즉, 교사의 주관적인 기준에 의해 평가되는 임의평가, 규준 지향적 평가인 상대평가, 목표 지향적 평가인 절대평가로 분류된다.

뽀글뽀글 단상

'Don't judge a man by his appearance[looks].'라는 말이 있다. '겉모습[외모]으로 사람을 판단하지 말라.'는 뜻이다.

마치 자신이 무슨 관상쟁이 이기라도 한 듯, 우린 본의이든 아니든, 상대방의 내면이 아니라 단순히 외모만을 보고 판단하는 오류를 범하며 살아간다.

임의대로 상대방을 평가해선 절대 안 된다는 것을 명심하자. 십중팔구 실수하기 때문이다. 상대방의 내면 즉, 됨됨이가 평가기준이 되어야 한다. 비단, 사람뿐만 아니라 교육평가도 자칫 마찬가지 오류를 범할 수 있다. 교육평가도 평가기준이 있는 것이다.

평가기준에 따른 분류 3가지의 앞 두 글자씩을 활용하기로 하자.

| Easy Memory |

임의대로 상대방을 평가해선 절대 안 되듯, 교육평가도 평가기준이 있다.

62 평가를 타당한 내용이라고 공인해줄 예언가는

암기해야 할 내용

타당도에는 4가지 즉, 내용 타당도, 예언 타당도, 공인 타당도, 구인 타당도가 있다.

뽀글뽀글 단상

무슨 일을 계획하여 추진하던, 타당성이 있어야 주변의 협조를 얻어 성공적으로 추진할 수 있다. 타당성이 없는 일을 혈세를 낭비해가며 옹고집으로 추진한 결과 국민의 비난을 받는 일이 유감스럽게도 비일비재하다. 이러한 사실이 타당성의 중요성을 웅변으로 말해주고 있다. 차라리 어떤 일을 추진할 때마다 족집게 예언가가 홀연히 꿈에 나타나 '그 일은 타당한 내용이라고 공인해줄 테니 걱정 말고 추진하게.'라고 한다면 얼마나 좋을까? 평가에서도 마찬가지로 타당도가 중요하다.

타당도를 떠올리기 위해 「타당」을, 내용 타당도를 위해 「내용」을, 공인 타당도를 위해 「공인」을, 구인타당도를 위해 「누구인가」를 이용해보자.

| Easy Memory |

이 평가문항을 타당한 내용이라고 공인해줄 예언가는 과연 누구인가?

63 재 간염 검사의 신뢰는 **동형의 피를 검사하여**

암기해야 할 내용

신뢰도에는 4가지 즉, 재검사 신뢰도, 동형검사 신뢰도, 반분 신뢰도, 문항내적 합치도가 있다.

뽀글뽀글 단상

살아가면서 두 번째 가라면 서러워할 것이 있다. 신뢰가 바로 그것임에 반론의 여지가 없을 것이다. 친구 간의 신뢰, 부부간의 신뢰, 동업자 간의 신뢰, 나아가 관공서 업무의 신뢰, 병원 진찰결과의 신뢰, 등등 어느 것 하나 소홀히 할 수가 없다. 이러한 신뢰가 깨질 때, 기다렸다는 듯 찾아오는 것은 불신이다. 불신의 사회에서 살아간다는 건 괴로운 일이다. 그래서 'Life is the sea of pain.'(인생은 苦海)이라고 했는지도 모른다. 물론 삶 자체가 힘든 일이기도 하지만 말이다.

동일인의 피를 재검사하여 간염 검사를 한다고 할 때, 두 의사가 각각

소견을 쓴다고 해도, 그 소견 문항은 합치되어야 마땅하다. 그래야 비로소 의사가 정확하게 측정하고 있다고 신뢰할 수 있는 것이다.

재검사 신뢰도를 떠올리기 위해「재 간염 검사의 신뢰」를, 동형검사 신뢰도를 위해「동형」을, 반분 신뢰도를 위해「반분」을, 문항내적 합치도를 위해「문항이 내적으로 합치」를 활용하자.

| Easy Memory |

64 문제를 발견하면 문헌을 고찰하여 가설을 형성해본다

암기해야 할 내용

교육연구의 절차는 아래와 같다.

* 문제발견 – 문헌고찰 – 가설형성 – 연구설계 –
  도구제작 – 자료수집 – 자료분석 – 결과보고

뽀글뽀글 단상

사실 연구는 자신의 이름을 내걸고 하기 때문에 어찌 보면 자존심과 깊은 관계가 있다고 할 수 있다. 그럼에도 불구하고 다른 사람이 노력하여 완성한 논문 등을 아무렇지도 않다는 듯 표절하여 물의를 일으키는 사례가 적지 않다.

뽀글뽀글 斷想 Easy Memory

표절 시비에 휘말리지 않기 위해서라도 본인의 능력을 감안하여 수행 가능한 연구문제를 선정하는 것이 바람직하다. 우리가 어떤 연구를 계획하여 추진할 때는 절차가 있기 때문에, 모든 연구는 일련의 절차를 중시한다.

물론 교육연구에도 절차가 있다. 교육연구 절차는 굳이 암기를 해야할 성질은 아니다. 오히려 이해를 하며 여러 번 읽어보면 자연스럽게 기억이 될 것이다. 여기에서 문제발견이란 참신하고 수행 가능한 연구문제를 선정함을 의미한다.

| Easy Memory |

문제를 발견하면 문헌을 고찰하여 가설을 형성해본다. 연구설계를 하고 도구제작을 한 다음, 자료를 수집하고 분석하여 결과보고를 한다.

65 | 켈린저는 관찰의 大家답게 말했다

암기해야 할 내용

교육연구의 방법에는 문헌에 기초를 두는 경우와 관찰에 기초를 두는 경우가 있다. 켈린저(F.N. Kerlinger)는 관찰에 기초를 둔 연구방법을 아래와 같이 5가지로 분류했다.

* 현지연구(Field Study),　　　　조사연구(Survey Research)
　현장실험(Field Experiment),　　사후(소급)연구

실험실적 연구(Laboratory Experiment)

우주개발에 관심이 많은 미국은 우주에 한번 도전해보겠다는 뜻으로 우주선을 도전자라는 의미를 지닌 Challenger 0호라고 명명했다. 챌린저 0호의 구체적인 임무는 알 수 없지만 고성능 카메라를 이용하여 현지에서 조사도 해보고, 현장실험도 해보고, 지구로 귀환해서는 사후에 실험실에서 연구를 한다고 생각해보자.

그런데 챌린저(Challenger)의 동생인 켈린저(Kerlinger)도 둘째가라면 서러울만큼, 관찰에 기초를 둔 연구에 일가견이 있어 관찰에 기초를 둔 연구방법을 5가지로 분류했다고 가정해보자. 물론 챌린저와 켈린저의 발음이 유사해서 이런 생각을 해본 것이다.

| Easy Memory |

챌린저의 동생인 켈린저는 관찰의 大家답게 말했다. 현지에서 조사한 대로, 현장실험을 해보고 사후에 실험실에서 연구를 해보자고,

66 가설의 종류에 대해 알고 싶으면

암기해야 할 내용

가설의 종류에는 아래와 같이 4가지가 있다.

* 관계적 가설, 연구가설, 기술적 가설, 통계적 가설

가설형성은 교육연구의 절차 중 한 단계로 문제발견을 하고 문헌고찰을 한 다음에 이루어진다. 가설을 제대로 세우려면 우선 가설의 종류부터 알아두어야 할 것이다. 내가 하고자 하는 연구는 과연 어떤 종류의 가설을 사용해야 알맞을까를 결정해야 하기 때문이다. 가설의 종류를 각각 앞 두 글자로 나타내보자.

| Easy Memory |

가설의 종류에 대해 알고 싶으면, 가설과 관계있는 연구에 대해 기술적으로 통계를 내보자.

67 지원자에 대한 자료 수집을 위해서는

암기해야 할 내용

연구를 위한 자료수집의 방법에는 아래와 같이 6가지가 있다.

* 면접법, 사회성 측정법, 관찰법, 투사법, 의미 분석법, 질문지법

뽀글뽀글 단상

가설의 종류를 알아야 어떤 가설을 적용할지 결정할 수 있듯이, 자료 수집 방법도 어떤 것들이 있는지 알아야 필요한 자료들을 적절한 방법으로 수집할 수 있을 것이다.

모회사에서 자기 회사에 적합한 사원을 채용할 때 지원자에 대한 자료가 충분해야 할 것이다. 사회성을 알아보기 위해서 면접을 볼 때, 술을 왕창 먹여보기도 하고, 대처능력을 실험하기 위해서 다양한 방법을 동원하기도 한다. 물론 면접 시의 질문은 의미 있는 것들로 구성해야 도움이 될 것이다. 투사법을 처리하기 곤란하므로 사정상 우리 회사에 용감하게 지원한 자를 투사라고 하자.

| Easy Memory |

지원자에 대한 자료 수집을 위해서는 우선 면접으로 사회성을 관찰한다. 이때 투사에게 의미 있는 질문을 해야 한다.

68 | 흑인을 그리기를 좋아하는 켄트는

암기해야 할 내용

참여관찰의 예로 W.F. White는 Italy의 빈민굴에 들어가 왕초의 보호 아래 부랑아 집단을 연구했으며 켄트(Kent)는 흑인사회 연구로 유명하다.

뽀글뽀글 단상

그냥 지나치기 서운하니 後者에 대해 기억해보자. 도화지보다 조금 두꺼운 종이를 켄트지라고 한다. 켄트(Kent)를 떠올리기 위해 켄트지를 활용하자.

| Easy Memory |

켄트지에 새까맣게 흑인을 그리기를 좋아하는 켄트는 직접 흑인사
회에 참여하여 그들을 관찰하며 연구했다.

69 | 민속촌을 관찰하면서 감회에 젖어

암기해야 할 내용

민속방법론이란 관찰법의 일종으로 장기적이고 집중적인 참여관찰법
에 속한다. 가핑클(H. Garfinkel)에 의해 이 용어가 최초로 사용되었다.

뽀글뽀글 단상

여기에선 민속방법론의 구체적인 내용은 그만두고 가핑클과 민속방법
론, 그리고 관찰법만을 연관 지어 기억해보자.

우린 민속촌에 가서 추억이 담긴 옛것들을 관찰하며 감회에 젖어 남이
볼까 신경 쓰며, 공연히 눈시울을 적시기도 한다. 민속방법론을 떠올리
기 위해 「민속촌」을, 관찰법을 위해 「관찰」을, 가핑클을 위해 「눈가에 눈
물이 핑글」 돈 사람을 연상해보자.

| Easy Memory |

민속촌을 관찰하면서 감회에 젖어 「민속방법론」이라는 용어를 최
초로 사용한 사람은 누구일까? 그는 눈가에 눈물이 핑글 돈 가핑
클(H. Garfinkel)이다.

암기해야 할 내용

관찰기록 방법에는 아래와 같이 5가지가 있다.

: 일화 기록법, 체크리스트, 도시(圖示)법, 기계적 기록법, 평정 척도법

뽀글뽀글 단상

관찰기록 방법 5가지를 암기하기 위해 관찰하는 도중엔 세세한 내용을 정확히 기록하기 어렵다고 가정해보자. 중요한 내용들을 머릿속으로 체크해두었다가 기록하면 될 것이나. 도시(圖示)법을 떠올리기 위해 동음이의어인 도시(都市)를 활용하자. 도시에 가서 기계로 평정하여 기록한다는 말은 집이 있는 도시로 돌아가서 애용하는 기계인 컴퓨터를 이용한다는 의미다.

| Easy Memory |

관찰 중에 생긴 일화는 체크해 두었다가, 도시에 가서 기계로 평정하여 기록합시다.

 기술적으로 연구하라는 명령의 내용

암기해야 할 내용

기술적 연구방법에는 아래와 같이 5가지 종류가 있다.
: 조사연구, 발달연구, 사례연구, 상관연구, 내용분석

뽀글뽀글 단상

알아서 기술적으로 연구하라는 명령이 상관에게서 떨어지는 모습을
상상하자.

| Easy Memory |

알아서 기술적으로 연구하라는 명령의 내용. 발달 내용을 사례별
로 조사하여, 상관에게 보고하시오.

 실험하다보면 오차가 생긴다는 것

암기해야 할 내용

실험적 연구란 어떤 변인을 인위적으로 조작하여 이를 작용시킴으로
써 나타나는 변화를 관찰하는 연구로, 이론과 법칙의 발견에 목적이 있
다. 이 때 나타나는 것이 실험오차인데 아래와 같이 3가지 유형이 있다.

＊ 실험오차(3가지)

: S형 오차, G형 오차, R형 오차

뽀글뽀글 단상

여기에선 실험오차의 3가지 종류를 기억해보자. R형 오차, G형 오차를 떠올리기 위해 「알지=RG」를, S형 오차를 위해, 좀 거리감은 있지만 「예스=S」를 활용하자.

| Easy Memory |

실험하다 보면 오차가 생긴다는 것 다들 알지? 예스.

Check Up-6 제목만 보아도 솔솔 기억이 날까?

EASY MEMORY

제3부 [부록]

나의 메모 노트

들어가며

    이렇게 책을 쓰게 될 줄 알았더라면 이따금 메모해 두었던 자료들을 모아둘 것을 책을 쓰고 나서야 생각한다.

    영국의 극작가 George Bernard Shaw의 묘비명(epitaph)엔 다음과 같이 적혀 있다고 한다.
'I knew if I stayed around long enough, something like this would happen.'
'내 우물쭈물하다 이럴 줄 알았다.'는 뜻이다.

나의 메모장에 남아 있는 얼마 되지 않는 내용들을 소개한다.

1장
또 다른 암기

01-20

요즘은 대부분 컴퓨터의 키보드를 열 손가락을 사용해서 빠른 속도로 치지만 수십 년 전, 내가 컴퓨터 자판을 익힐 때만 해도 사정은 사뭇 달랐다. 그때는 소위 독수리 타법이라는 게 있었다. 양손의 검지만을 사용하여 키보드를 치는 것이다. 우스워 보이긴 했지만, 아쉬운 대로 써먹을 만했다. 하지만 내가 기준으로 삼고 있는 것은 신속 정확이었기 때문에 자판을 익히는 것이 문제였다. 아무 생각 없이 자판연습프로그램을 따라 해도 되지만, 한글 자판의 순서가 머릿속에 쏙 들어오지 않았다.

어떻게 해야 될까?

왼손으로 커버해야 할 첫째 줄 자판의 순서는 'ㅂㅈㄷㄱㅅ'이다. 이것을 '비읍, 지읒, 디귿, 기역, 시옷'이라고 되뇌어도 머리에 쏙 들어오지 않는다. 그래서 연상해본 것이 「부자다 그 새」이다. 고상하게 새를 의인화해서 '그 새가 부자이다.'라고 생각하면 된다.

왼손으로 카버 해야 할 둘째 줄 자판의 순서는 'ㅁㄴㅇㄹㅎ'이다. 이것은 마치 '우리 중국사람 마니(money) 좋아해'라고 중국말을 흉내 내듯 「마니 오라해」라고 연상해보았다. 마니는 돈 또는 「많이」와 유사음이라고 보면 된다.

왼손으로 카버해야 할 셋째 줄 자판의 순서는 'ㅋㅌㅊㅍㅠ'이다. 중국사람이 많이 오려면 차표가 있어야 하지 않겠는가? 그래서 큰 티셔츠만 한 차표를 건네주며 하는 말, 즉 「큰티 차표유」라고 정했다. 왼쪽을 해결하고 나니, 오른쪽은 그냥 외워도 그리 어렵지 않았다.

「부자다 그 새」, 「마니 오라해」, 「큰티 차표유」 지금까지 잘 써먹고 있
다. 가끔은 남모를 미소도 머금으며….

<table>
<tr><td>02</td><td>12띠 이야기</td></tr>
</table>

　몸에 좋다면 양잿물이라도 마시는 세상. 12띠에 나오는 동물을 모두
먹는다면 얼마나 건강할까? 우리가 어릴 때엔 지금처럼 건강원이 흔하지
않았다. 정력에 좋다는 뱀을 취급하는 건강원이 있을 뿐이었다. 건강원
상호도 가지각색이었다. 뱀만 보면 〈요뱀은 진짜 말랑말랑하다〉고 말하
던 뱀꾼이 「요뱀 말랑원」이란 건강원을 차렸다.

　어떤 요식업소는 위생이 불량하다는 이유로 문을 닫게 되는 경우가 있
다. 그런데, 지나가는 쥐와 소에게 호통쳤다는 이유로 「요뱀 말랑원」은
문을 닫게 되었다.

12번씩이나 쥐소호통(치던) 요뱀말랑원 (문) 닭개돼

◉ 쥐띠 소띠 호랑이띠 토끼띠 용띠 뱀띠 말띠 양띠 원숭이띠
　 닭띠 개띠 돼지띠

　난 평소에 머리가 나쁘다는 생각을 해본 적이 별로 없다. 딱 한 가지
경우를 제외하고는. 그게 바로 12띠의 순서를 말하는 경우다. 어지간한
사람이면 다 아는 띠 순서를 몰라 대화에 참견도 못한 적이 있다.

207

「12번씩이나 쥐소호통(치턴) 요뱀말랑원 (문) 닭개돼」 이젠 스트레스 받을 일이 없어지겠지?

하지만 한 수 위인 사람들은 12地支(子丑寅卯 辰巳午未 申酉戌亥)로 띠의 순서를 안다고 하니, 우리도 노력해보자.

[자-쥐 축-소 인-호 묘-토]

[진-용 사-뱀 오-말 미-양]

[신-원 유-닭 술-개 해-돼지]

03 주석 달기는 CNN

그건 또 어디서 주서들은 소리야? 그거야 그 유명한 CNN방송에서 주서들은 소리지 아하! 그래서 주석을 달 땐 CNN을 치는 거구나.

04 village

몸에 좋다는 민들레를 캐러 시골에 간 사람이 호미를 가져오지 않았다. 이를 어쩌지? 마을에 가서 빌리지 뭐. village는 마을이라는 뜻이다.

05 · knowledge

이 세상에는 이런저런 일로 이름을 날리는 사람이 많다. 누구는 축구를 잘해서, 누구는 발명을 해서 등등 말이다.

또한 지식이 많아서 이름을 날리는 사람도 있다. 난 무엇으로 내 이름을 날리지? 지식으로 날리지 뭐. knowledge는 지식이라는 뜻이다. 날리지의 끝 자가 지자이니 연결도 잘되네.

06 · mature와 immature

성숙한 사람들은 '마추어'라고 하면 무슨 소린지 다 안다. 하지만 미숙한 사람들은 '입마추어'라고 해야 그제서 알아듣는다. mature는 성숙한 / immature는 미숙한이란 뜻이다.

07 · complaint와 weight

체중이 많이 나가는 사람들 중엔 노력하지 않은 것은 생각 않고, 불평이라도 하는 듯 테테한다. complain와 weigh의 명사형은 끝에 t가 붙어서 complaint와 weight가 된다는 것을 알고 있기라도 한 듯.

08 odd number와 even number

전자는 홀수, 후자는 짝수라는 뜻이다. 열심히 외웠는데, 어느 날 혼동이 되었다. 가만히 보니 odd의 철자 수는 홀수이고, even의 철자 수는 짝수이다.

09 desert와 dessert

전자는 사막이고, 후자는 후식이다. 발음도 뜻도 철자도 다르다. 물도 없이 사막에 가면 데져. 후식인 디저트는 많을수록 좋아, 그래서 s자가 두 개인가 보다.

10 arctic과 antarctic

전자는 북극, 후자는 남극이다. 왠지 북극에 비해 남극은 따뜻한 남쪽 나라 같다. 그래서 남극엔 하다못해 ant(개미)라도 살고 있을 것 같다.

뽀글뽀글 斷想 Easy Memory

11 donate

골든벨의 문턱에까지 갔다 실패하는 경우 응원하는 학생들은 '괜찮아, 괜찮아.'를 연발한다.

노래방에 가서 100점을 맞으면 일행들은 '돈 내, 돈 내.'를 연발한다. 이는 돈 만 원을 기부하라는 무언의 압력이다.

donate의 앞부분을 보니 don 아닌가? 그래서 donate는 '돈 내, 돈 내.' 즉, 기부하다는 뜻이다.

12 examination

이 세상에 시험보다 징그러운 것은 없을 것이다. 반어적으로 말하자면 '이그! 재미있어라.' 그래서 '이그재미네이션'은 시험이라는 뜻이다. 시험을 이렇게 재미있어하며 맞이한다면 얼마나 행복할까?

13 pedagogy

'Spare the rod and spoil the child.'라는 말이 있다. '매를 아끼면 아이를 망친다.'는 뜻이다. 옛날 훈장들은 회초리 대는 일을 주저하지 않았다. 때려서 가르치는 일을 당연시했다.

pedagogy의 발음은 '패다거쥐'이다. 자넨 버릇없는 그 아이를 어떻게 교육시켰나? 기다렸다는 듯 '패딱었지.'라고 그는 대답했다. pedagogy는 바로 '패딱었지.'로 교육학이라는 뜻이다.

14 | store

그렇지 않아도 집이 복잡한 경우 '이걸 어디다 보관[저장]하지?'라고 물으면 '가게에 보관하지 뭐.'라고 대답한다고 하자. store는 가게라는 기본 뜻 외에 '보관하다, 저장하다'는 뜻도 있다. 한 번에 두 가지 뜻을 해결하니 일석이조인 셈이다.

15 | disease

ease는 쉬움, 용이함이라는 뜻 외에 (근심·걱정 없이) 편안함, 안락함이라는 뜻도 있다. 근심 걱정으로 편안하지 않다는 것은 곧 병에 걸렸음을 의미하는가보다. disease의 dis-는 반대의 접두사이니 이 단어는 편치 않음 즉, 질병이라는 뜻이다.

disease는 내게 사연이 있는 단어이다. 시험을 보다 이 단어의 철자 때문에 고생했던 일이 잊혀 지지 않는다. 이보다 훨씬 더 길고 복잡한 단어도 잘 암기했는데…. 시험지 여백 이곳저곳에 써보았다. desiese, disise, diesease, desease …. 이리저리 궁리해가며 열 개 이상을 적어 보아도 마음에 드는 게 없었다. 결국 포기하는 수밖에 없었다. 그래서 우린 단어를 암기할 때, 무턱대고 해서는 안 된다. 요령 있게 해야 한다. 이 단어는 반대의 접두사 dis + ease인 것이다. 처음부터 이렇게 생각하며 공부했더라면, 얼마나 좋았을까?

16 appear와 disappear

약속시간이 지났는데도 그는 나타나지 않았다. 무슨 사연이 있었는지 그는 남의 등에 업히어 나타났다. appear는 나타나다는 뜻이다. 그렇다면 사라지다는 단어는 뭘까? dis-는 반대말을 만들어주는 접두사이니 disappear이다. 얼씨구, 머리 한번 잘 돌아간다. 그렇다고 아무데나 dis-를 붙이면 안 된다는 것도 알아두자.

17 alcoholic

무엇엔가 홀린 사람은 무엇엔가 중독된 사람이다. 알콜에 홀린 사람은 앨커홀릭(alcoholic : 알콜중독자), 일에 홀린 사람은 워커홀릭(workaholic : 일중독자), 그런데 책(冊)에 홀린 사람은 없는가보다. 책엔 진드기처럼 붙어있는 책벌레(bookworm)가 있을 뿐이다.

18 위치를 표현하는 between

몇 번을 되풀이한 후에 between이 무슨 뜻이냐고 묻자, 다른 단어와 혼동이 되는지 딴소리를 한다. 갑자기 힘이 쪽 빠진다.

비가 많이 올 때, 우린 싱거운 소리로 「비 사이로 막가」라고 한다. 그러니까 비투윈(between)은 −사이라는 뜻이다. 그렇다면 비와 비사이가 아니라, 〈당신과 나 사이에 저 바다가 없었다면〉에서 〈당신과 나 사이에〉는 뭐라고 할까? 그건 바로 between you and me이다.

19 위치를 표현하는 opposite

위치를 표현하는 단어 중에 다소 어려운 느낌이 드는 게 바로 opposite이다. 「맞으면, 아프지?」를 떠올리면 쉽게 기억할 수 있다. 「−맞은편에」는 「opposite」이다.

20 beverage

beverage는 (물외의) 음료를 말한다. 우린 툭하면 음료를 사서 마신다. 참 못된 버릇이다. 그리고 몸에 좋은 음식 먹으라면 배불러서 못 먹는다고 한다.

그렇다면 beverage와 음료를 어떻게 연관 지을까? 답은 참으로 간단
하다. 「음료 마시면, 배부르지?」 따라서 음료는 beverage이다.

들어가며

    총각시절 충주시 역전동에서 하숙을 했다. 퇴근 후에 저녁식사를 마치고 나면 마당에 있는 들마루에 앉아 하숙집 아주머니로부터 당신이 살아온 이런저런 이야기를 듣곤 했다. 고생스러웠던 일, 재미있었던 일, 서운했던 일, 보람 있었던 일들 등에 대해 말씀을 재미있게 해주셔서 시간이 잘 지나갔었다.

    그 분 말씀이 '내가 지금껏 살아오며 겪은 일을 다 쓰자면, 소설을 써도 몇 권은 쓸 거야.' 지당한 말씀이다. 아마도 누구에게도 해당되는 말씀일 것이다.

    내게도 가끔은 생각나는 일들이 있다.

2장
가끔은 생각나는 일들

O1-11

언젠가 영어공부를 하는 중에 'Happiness lies in contentment.' 라는 문장을 접하게 되었다. '행복은 만족에 있다.'는 뜻이다. 물론 사람마다 만족을 느끼는 경우가 다를 것이다. 나의 경우, 내가 하고 싶은 일에 몰두할 때, 비로소 만족을 느껴왔다고 할 수 있다.

한가한 시간이 찾아오면 스스로 반문해본다. 60여 년을 살아오면서 어떤 일에 몰두한 적이 과연 몇 번이나 있었는가? 그런 적이 손가락으로 꼽을 만큼밖에 없었기에 지금도 기억이 새롭다. 몰두한 횟수와 행복은 정비례하는 것은 아닐까?

Bible에 빠지다

스무 살이 되던 해 대학에 들어가 첫 번째 맞는 겨울방학이었다. 이 세상에서 지금까지 수많은 책이 빛을 보았지만, 그중 최고의 베스트셀러는 바이블(Bible)이라는 말을 들었다. 더욱이 영어교육을 전공하는 터라 일종의 필독서라고 할 수 있다. 그해 겨울 바이블을 독파하기로 작정을 했다.

옛날에는 선교단체에서 무상으로 주는 영한 대역 성경책이 있었다. 손안에 쏙 들어오는 그 책이 만만했다. 당시 내가 사는 시골에는 전기도 들어오지 않았다. 우리 집은 비교적 많은 사람들이 오가는 곳이라 소여물을 끓이는 작은 집 사랑방에 기거하기로 작정했다. 물론 방을 따뜻하게 덥히기 위해 불도 직접 지피었다. 머릿속을 텅 비운 채 활활 타오르는 불빛을 바라보는 것은 또 하나의 즐거움이었다.

첫날은 금불을 때고, 저녁을 먹은 후 시작했다. 밥상에 앉아 촛불을 켜고 바이블을 대하니 왠지 경건한 생각마저 들었다. 자, 이제 시작하는 거야. 끝까지 보는 거야. 다짐을 했다. There was a word in the beginning. '태초에 말씀이 있었나니.'로 시작되었던 것 같다. 영문과 우리말을 대조해가며, 바이블을 읽기 시작했다. 물론, 모르는 단어는 일일이 사전을 찾아 노트에 적었는데 나중에는 노트가 몇 권이나 되었다. 하루에 15쪽 정도를 읽었는데 우연의 일치이긴 하지만 이상하게도 마음에 쏙 드는 구절을 열다섯 번씩 반복해서 읽었다. 그런데 그런 구절이 도처에 있었다.

어린 마음에 옛날 사람들은 문명이 발달된 시대에 살고 있는 현대인들보다 사고력이 다소 뒤떨어져 있지 않았을까 했는데 어쩌면 그렇게 비유를 잘했을까? 감탄을 거듭하며 읽어내려 갔다.

영어에 익숙하지 않은 사람이 영문을 번역해 놓은 것을 보면 무슨 말을 하려고 하는 건지, 영문보다 훨씬 더 어렵게 느껴질 때가 있다. 바이블의 한글 부분도 마찬가지여서 영문을 먼저 보고 이해가 안 되면 한글을 보았는데, 때론 한글이 더 어려웠다.

한 참을 읽다 시계를 보니, 새벽 3시가 되었다. 저녁식사 후 촛불 앞에 앉은 지 얼마 되지 않은 것 같았는데 독서 삼매경에 빠진다는 게 이를 두고 하는 말인가 보다. 뿌듯한 마음으로 그냥 잠자리에 들기 아쉬워 2시간을 더 보고, 5시에 잠을 청했다. 푹 잤다고 생각했는데 눈을 떠보니 일곱 시 밖에 되지 않았다. 결국 2시간을 잔 것이다. 하지만 정신은 말똥말똥했다. 그렇게 두 달을 보냈다. 전혀 피로함도 느끼지 못했다. 어딘가에 몰두한다는 것은 이해할 수 없는 정신력을 동반하는가보다.

그 무렵 시골에 가까이 지내는 친구가 있었다. 특별한 이유가 없으면 거의 매일 만나는 그런 허물없는 친구 말이다. 그런데 바이블에 몰두하면서부터는 아무도 만나고 싶지 않았다. 어느 땐 밥 먹는 시간조차 아까웠으니 말이다.

이때 읽은 바이블이 인연이 되어, 고등학교에서 영어를 가르칠 때 이따금, 이를테면 '마태복음 몇 장 몇 절에 보면 이런 구절이 나와.' 하면서 적절히 영문으로 바이블 구절을 인용하여 지도를 하면 예상보다 반응이 좋았다. 아이들은 마치 내가 성경을 다 꿰고 있는 것으로 착각하고 있는 것 같았다. 본인도 물론 종교를 갖고 있지 않지만 무신론자도 한번 읽어 보기를 권하고 싶다. 같은 지구에서 살아가고 있다는 이유 만으로라도 권하고 싶다.

뜻밖의 전화

2010년 5월 어느 날 저녁 갑자기 미국에서 전화가 걸려왔다. C과학 고등학교에 근무할 때의 제자가 주례를 서달라는 내용이었다. 전혀 예측하지 못했던 일이라 처음엔 너무 당황하여 어떻게 대답할지 몰라 말미를 달라고 했다. 하긴 제자의 주례를 서주었다는 몇몇 친구들의 말이 부럽게 느껴진 적도 있긴 했다. 제자들의 마음속 한 구석에 그들이 자리 잡고 있다는 사실 때문이었다. 그게 바로 교사의 소박한 보람일 것이다.

누구에게 부탁을 할까 하고 고심하던 중, 나를 처음 떠올렸다고 말하는 바람에, 그 말이 고맙기도 하고, 또 아내도 한번 해보는 것이 어떻겠느냐고 하여 이튿날 생각 끝에 OK를 했다. 결혼식에 가면 으레 축의금만 전달하고 피로연에만 참석하는 것이 습관이 되어있던 터라 구체적으로 주례를 어떻게 해야 하는지 모르는 처지였다. 시간이 흐르면서 차차 걱정이 되었다. 날을 잡아 남들은 어떻게 하는지 익히기 위해 두 번 예식장을 찾았다. 사무실에 부탁을 하여 진행 멘트가 적혀있는 유인물을 얻었다. 조금 노력하면 될 성도 싶었다.

결혼식 2주 전, 주례사를 이리저리 궁리해보았다. 다른 주례들이 하는 상투적인 말은 하고 싶지 않았다. 순수하게 내 스타일로 내 아이디어로 주례사를 써내려갔다. 쓰고 나니 그런대로 맘에 들었다.

아내가 몸이 단 모양이다. 자꾸 보여 달란다. 역시 「Two heads are better than one」이라는 생각이 들었다. 아내의 아이디어에서 나온 말을 두어 가지 첨가하여 말을 다듬었다. 결혼식을 닷새 앞두고 주례사를 확정지었다. 이젠 누가 뭐래도 이대로 해야 되겠다는 생각이 들었다. 자연스럽게 할 수 있도록 연습할 시간이 필요했기 때문이다.

6월 8일 화요일, 주례사를 출력해 퇴근길에 산성엘 올랐다. 정자에 올라 시내를 굽어보며 대여섯 차례 실전처럼 연습을 해보았다. 이대로만 된다면 크게 흠이 잡힐 것 같지는 않았다. 그리곤 불편한 일들이 생겨 제대로 연습을 하지 못했다. 토요일에서야 집에서 몇 차례 연습을 했다.

주례사

모처럼 만에 반가운 분들을 만나 하실 말씀이 많으시죠? 두 사람의 결혼을 진심으로 축하해주시는 의미에서 하실 말씀은 잠시 뒤로 미루시고 조용한 가운데 의식이 진행될 수 있도록 협조해주시기 바랍니다.

오늘 부부의 연을 맺어 새롭게 인생을 출발하는 두 사람을 축복해 주시기 위해, 바쁘신 중에도 귀중한 시간을 내어 참석해주신 양가의 하객 여러분, 진심으로 감사의 말씀을 드립니다. 그리고 누구보다 대견한 마음으로 지켜보실 양가 부모님, 진심으로 축하드립니다.

오래전에 저는 C과학 고등학교에서 가르치는 것이 좋아 10년 동안 근무를 한 적이 있습니다. 바로 그곳에서 인연을 맺은 신랑 OOO 군의 주례를 보게 되어 저 또한 더없이 기쁩니다.

OOO 군은 OO 대학교를 졸업하고 미국으로 유학을 떠나 지금은 OO 대학에서 박사과정을 밟고 있는 인재입니다. 이제 그 듬직하고 장래가 촉망되는 청년이 신랑이 되어 오늘 이 자리에 섰습니다.

OOO 양은 OO 교육대학을 졸업하고 지금은 청주에 있는 OO 초등학교에서 교편을 잡고 있습니다. 교단에 서보지 않은 사람은 사람을 가르친다는 것이 얼마나 보람 있는 일인지 모릅니다. 이런 보람 있는 일을 하고 있는 선생님이 부족함이 없는 아름다운 신부가 되어 오늘 이 자리에 섰습니다. 이제 수십 년 동안 결혼생활을 해온 인생선배로서 새롭게 인생을 출발하는 두 사람에게 몇 가지 조언을 하고자 합니다.

하나는 영어에 이런 말이 있습니다.

☆ Look on the bright side!

우리말에도 이와 비슷한 말이 있습니다만, 좋게 생각하라. 기왕이면 좋은 쪽으로 생각하라는 뜻입니다.

세상을 산다는 것은 부모님이 뒷바라지해줄 때처럼 그렇게 호락호락하지 만은 않습니다. 살다보면 뜻하지 않게 어려운 일을 종종 겪게 됩니다. 이럴 때, 부정적이 아니라 긍정적인 마음을 가지고 늘 생활한다면 모든 일들이 잘 해결될 뿐만 아니라, 더 나아가 신랑 신부가 추구하는 소중한 큰 뜻도 충분히 이룰 수 있다고 확신합니다. 기왕이면 좋은 쪽으로, 긍정적으로 생각하며 생활하기를 바랍니다.

또 하나는 이렇게 말씀드리고 싶습니다.

☆ Be generous to each other.

서로에게 관대하라, 너그럽게 대하라는 말입니다.

결혼생활을 하다 보면, 연애 시절에는 보이지 않던 상대방의 단점이 부족한 점이 차차 보이게 마련입니다. 사람은 원래 불완전한 존재이기 때문에 단점이 보이는 것은 당연한 것입니다. 서로에게 단점이 보일 때, 넓은 가슴으로, 따뜻한 마음으로 너그럽게 감싸주며 살아가길 진심으로 바랍니다. 결혼 생활이란 어쩌면, 두 사람이 머리를 맞대고, 대본을 쓰고, 연출을 하며, 주인공이 되어 펼쳐가는 장편의 드라마라고 할 수 있습니다.

여기 두 사람이 많은 시간이 흘러 머리가 희끗희끗해졌을 때, 그 드라마를 다시 보며 우리 둘이 힘을 모아 이루어낸 부도, 명예도 좋았지만, 무엇보다도 서로 보듬어 주고, 존중해주며, 쌓아올린 사랑은 정말 아름다웠다고 회고할 수 있도록 행복하게 살아가길 바랍니다. 또한 그렇게 행복하게 사는 것이 지금까지 두 분을 낳아서 애써 길러주신 부모님에 대한 가장 큰 효도라고 생각합니다.

다시 한 번 두 사람의 결혼을 축하드립니다. 감사합니다.

주례를 마치고

드디어 일요일이 되었다. 예식은 오후 1시지만, 사회를 보는 OOO 군이 리허설도 할 겸 조금 일찍 오란다. 12시가 조금 지나 OO 호텔에 도착했다. 리허설을 할 상황이 아니었다. 1시 10분경 주례석에 앉았다. 시간이 점점 다가오자 심장이 다소 뛰는 느낌이 들었다. 머릿속으로 주례사를 되뇌어 보려고 했지만, 왠지 생각이 나지 않았다. 에라, 모르겠다. 잘 되겠지.

참 이상한 일이었다. 주례선생님을 소개한다는 말을 들으며 단상으로 올라가는데, 놀라울 만큼 마음이 편안해지며 입가엔 잔잔한 미소가 흘렀다. 그때서야 마음이 놓였다. 누군가가 나에게 氣를 넣어주는 것이 아닌가? 하는 생각이 들었다.

처음 해보는 주례인데, 말이 술술 나왔다. 잠시 한차례의 막힘이 있었을 뿐이었다. 하객들이 너무도 조용하게 내 말을 경청하고 있다는 느낌이 들었다. 만족스러웠다. 식이 끝나고 사진촬영을 하려는데 사진사가 '선생님, 주례말씀 참 잘하셨습니다.'라고 한다. 인사치레이겠지만 기분은 좋았다. 아내도 만족했는지 잘했다고 했다. 참 다행이었다. 마음이 홀가

분했다. 오랜만에 제자들과 이 얘기 저 얘기 하면서 점심을 먹게 된 것도 참 좋았다.

　집에 돌아와 잠시 눈을 붙였다. 다섯 시쯤 자리에서 일어나 둘이서 산성엘 갔다. 뭔가 마무리를 짓는 기분으로 다녀오고 싶었기 때문이다. 몸도 마음도 홀가분 그 자체였다. 주례를 보면서 하던 말들이 자꾸만 떠올라 잠을 이룰 수가 없었다.

03 　│　사랑의 매

　초등학교 5, 6학년 때의 일이다. 당시엔 중학교 입시제도가 있었다. 하교 후 저녁식사를 하고는 동네에 있는 어느 집으론가 모여 담임선생님의 지도를 받았다. 밤 10시쯤 지도가 끝나면 돌아가면서 해오는 간식인 고구마, 감자, 옥수수, 국수, 찐빵 등을 나누어 먹는 재미가 쏠쏠했다. 굳이 이름을 붙이자면 과외공부였지만 선생님은 그에 대한 대가를 받지 않고 말 그대로 공짜로 제자를 사랑하는 마음에서 그것도 아주 열을 다하여 지도해주셨다. 지금 생각해도 고맙기 짝이 없는 일이었다. 그렇게 끈끈하게 엮인 사제지간의 情인지라, 졸업 후에도 스승의 날이 되어 친구들이 모이는 자리엔 거의 언제나 선생님도 초대되었다.

　그러던 어느 날이었다. 5학년 때 담임선생님의 댁은 청주에 있었는데 주말이면 댁에 다녀오시곤 했다. 우린 기차역으로 선생님 마중을 나갔다. 그 선생님은 약주를 즐기시는 편이었다. 그날도 여느 때와 다름없이 취기가 있었다. '오늘도 한잔했구나.' 별생각 없이 내뱉은 말이 선생님 귀에 들린 모양이다. 버릇없는 그 말투에 선생님은 노발대발하시어 수백 미터 떨어진 공부방에 이를 때까지 나의 양쪽 뺨을 끝없이 때리셨다.

　난 뺨에 불이 나는 것 같았는데, 정신없이 얻어맞다 참고서인 전과책을 도랑에 빠뜨렸다. 이유는 알 수 없지만 난 맞을 때마다 횟수를 세었는데 도합 오십 대였다. 이튿날 애국조회가 열렸다. 전날의 일이 기억나셨는지 내가 서 있는 곳으로 오시더니 손가락 자욱이 또렷이 나있는 나의 뺨을 지나쳤다는 듯 어루만져 주셨다. 과하긴 했지만 나의 예의 없는 버릇을 고치려고 그랬을 것이다. 지금도 그 때 그런 일이 있었구나 하고 머리에 지워지지 않을 뿐이지 선생님을 원망해본 적은 없다.

잘못하면 맞는 것을 당연시하며 자라서 그런지 교단에 몸을 담은 나도 사랑의 매라는 미명하에 많이도 회초리를 댔다. 신출내기 교사시절이었다. 시간마다 5개의 영어단어 쓰기 시험을 보았는데 철자하나 틀리는데 한 대씩 맞기로 약속을 했다. 어느 때는 한 시간 내내 타작하는 날도 있었다. 물론 그 덕분에 복도를 지나다 보면 영어단어 외우는 소리가 나의 귀를 즐겁게 하기도 했지만 말이다.

충주에서 9년간 근무하다 아름다운 단양으로 전근을 가게 되었다. 아들이 초등학교 2학년이 되었다. 어느 날 종아리가 새빨갛게 되어 귀가를 했다. 선생님이 칠판에 적어놓은 내용을 몰래 지운 죄로 족히 서른 대는 맞았다고 했다. 통증으로 잠을 이루지 못하고 앓는 소리를 했다. 안쓰러웠다. 화가 치밀었다. 내가 교사가 아니었더라면 너무 심하지 않았느냐고 따지고 싶었지만 꾹 참는 수밖에 없었다.

돌이켜보니 자신도 반성이 되었다. 지금까지 사랑의 매라는 미명하에 내게 맞은 아이들도 집에 가면 내 아들처럼 귀한 자식들인데…. 충주에 있을 때 말썽부리던 우리 반 아이에 대해 무기정학을 주자고하자 교장선생님께서 '돌잡이 아빤 몰라. 더 관심을 갖고 지도해봐.'라던 말씀이 가슴에 다가왔다. 앞으론 진정한 의미의 사랑과 관심으로 아이들을 대해야겠다고 다짐해보는 계기가 되었다.

단양에 있는 고등학교에서 3학년 담임을 할 때이다. 청소시간에 가보니 한 여학생이 하라는 청소는 안하고 4층 창문에 걸터앉아 있었다. 만에 하나 떨어지는 날엔 큰 사고가 날판이었다. 말로 주의를 하고 내려오다 미심쩍은 생각이 들어 다시 올라가 보니 또 그렇게 하고 있었다. 그때만 해도 다소 노하우가 쌓인지라 몇 대 맞고 버릇을 고치겠느냐고 물으니 3대를 맞고 잘하겠다고 했다. 종아리를 걷게 하고 약속대로 3대를 때렸다. 그리곤 한 달쯤 지나 그 일을 까맣게 잊고 있을 무렵 그 학생의 아버님한테서 전화가 왔다. '선생님, 시간 있으면 우리 딸아이 종아리 좀 한 번 보세요.' 참으로 최대한의 예의를 갖춘 정중한 항의였다. 종아리를 보는 순간 난 깜짝 놀랐다. 그때가 언젠데 여태까지 까맣게 멍들어 있었다. 여학생은 후유증이 오래가는가보다. 그런 모습을 보고도 어떻게 그렇게 부드럽게 말할 수 있었을까? 존경스럽기까지 했다. 더욱이 졸업하는 날엔 내게 선물을 주기도 했다. 요즘 학부모 같으면 어찌했을까? 지금도 그 일을 잊을 수 없다.

영어속담에 이런 말이 있다. Spare the rod and spoil the child. 매를 아끼면 자식을 망친다는 뜻이다. 진정한 의미의 사랑의 매는 필요하지 않을까?

이 학교에 근무하다 저 학교로 전근하게 되면 가끔 전번 학교 학생들이 편지를 보내오는 일이 있다. 공부를 잘했던 학생에게서는 십중팔구 연락이 없다. 공교롭게도 글을 보내는 사람은 내게 매를 많이 맞은 이들이다. 하지만 우리는 지금, 사랑의 매조차도 금기시되는 시대에 살고 있다. 효과적인 지도방법을 모색해봐야 할 이유가 여기에 있는 것이다.

중학교에 다닐 때이다. 옛날엔 컴퓨터는 고사하고 그 흔한 계산기도 없었다. 그래서 이를테면 은행에 취직하려면 기본적으로 주산을 잘해야 했다. 상업시간의 일부를 할애하여 주산 연습을 꾸준히 했다. 난 그런대로 주산을 잘하는 편에 속했다. 선생님들은 대개 주산이 서툴렀던 모양이다. 중간, 기말고사가 끝나면 교무실에 불려가 점수를 집계하는 일을 하곤 했다. 선생님의 부탁으로 이런 일이나 심부름을 하는 것은 나를 우쭐하게 하는 일중의 하나였다. 귀찮다는 생각과는 거리가 멀었고 오히려 선택받은 느낌이었다. 즐거움 그 자체였던 것이다.

고등학교에 다닐 때이다. 중학교 때나 마찬가지로 선생님의 부탁을 받고 일하는 경우가 가끔 있었다. 같은 반 몇몇 친구들은 선생님 집으로 불려가서 채점을 도와드렸다. 일이 끝나면 자장면을 얻어먹은 기억이 새롭다. 과거엔 선생님의 크고 작은 심부름을 한다는 건 누구든 예외 없이 그 자체가 인정을 받는 것이라고들 생각했던 것 같다.

세월이 흘러 내가 교단에 서게 되었다. 가끔은 아이들에게 잔심부름을 시키곤 했다. '너, 어디 가니?' 친구가 물으면 '어어, 나 선생님 심부름 가는 거야.' 그 아이는 의기양양하게 대꾸했다.

또 세월이 흘렀다.

'00아, 선생님 심부름 좀 해줄래?'

'선생님, 저 바쁜데요. 다른 애 시키면 안 데나요?'

마음이 씁쓸하다. 세상이 참 많이도 변했다.

05 우리의 놀이문화

연날리기, 제기차기, 고무줄넘기, 도둑놈 잡기, 팽이 돌리기, 썰매타기, 구슬치기, 딱지치기, 개구리 잡아 구워먹기, 손으로 물고기 잡기, 참외 서리하기 등 어릴 때 추억을 더듬어 보니 그런대로 정겨운 것들이 많다. 남녀노소를 불문하고 즐기는 화투놀이도 빼놓을 수 없다. 요즘엔 놀이문화가 더욱 다양할 것 같지만 주로 컴퓨터게임을 하고 노는 아이들을 보면 왠지 측은한 마음마저 든다.

생각해보니 나의 화투 역사는 꽤나 깊은 편이다. 초등학교 6학년 졸업 무렵의 일이다. 어찌된 일인지 난 1년 선배들과 어울려 노는 경우가 많았다. 그을음이 심한 등잔불 아래에서 머리를 맞대고 숨죽여가며 한판에 1원씩 돈내기를 하는 화투놀이를 하면서 말이다. 그런데 요령이 부족했던지 백 원쯤 되는 거액을 잃게 되었다. 그것도 외상으로. 돈을 훔칠 수도 없고 갚을 길이 막막했다. 물건이 귀하던 그 시절엔 졸업 우등상품으로 자크 달린 가죽지갑을 주었는데 궁리 끝에 그것으로 해결은 하였지만 두고두고 아까운 마음이 들었다.

중학교 때의 일이다. 3년 동안 기차통학을 했다. 새벽같이 일어나서 아침을 먹는 둥 마는 둥 하곤 6시 기차를 타고 30분을 가면 충주역에 도착했다. 거기서 십 리쯤 더 걸어가야 모교에 이르렀다. 여름이 되면 느닷없이 비가 오는 바람에, 그 비를 온몸으로 다 맞고 등교하여 교복을 짜서 입곤 하던 생각이 어제 일인 듯 생생하다.

그 시절엔 방과 후 수업이라는 게 없었다. 6교시가 끝나 청소를 마치고 3시 남짓하면 모든 일과가 마무리되니 그때부턴 자유의 몸이 되었다. 집에 가는 기차는 저녁나절에 있었으니 매일 시간이 널널했다. 기차통학을 함께 하는 친구들과 주로 자치기를 하며 시간을 보냈다. 자치기도 하루 이틀이지 때론 심심했다.

3학년 어느 때였다. 진짜 화투를 지니고 다니다 발각이라도 되는 날이면 혼쭐이 날까 두려워 도화지를 오려 그림 대신 이를테면 초 10이라고 글씨를 써서 표시했는데도 신기하리만치 금방 알아볼 수 있었다. 교실 바닥에 털썩 앉아 교복 윗도리를 깔아놓고 화투놀이를 했다. 지는 편이 사과서리 하는 내기를 한 것이다. 그 당시 충주에는 사과과수원이 즐비했다. 서리라는 미명하에 한 짓이라 주인에게 들켜도 그냥 넘어가곤 했지만 지금 그런 짓을 하다 걸려든다면 바로 도둑으로 몰릴 것이다.

대학 2학년 때로 기억된다. 하숙집에 여섯 살 난 딸이 있었는데, 어느 날 내게 묻는다.

'아저씨, 고스톱 할 줄 알아?'

'아니, 모르는데.'

'그럼, 아저씬 간첩이야? 고스톱 모르면 간첩이라는데……'

그 어린 나이에 귀가 달렸다고 어디서 그런 말을 들은 모양이다. 사실 난 그때까지 그걸 할 줄 몰랐다.

직장을 잡고 나서야 소위 고스톱을 알게 되었다. 퇴근 후면 하숙집이나 숙직실에 모여 의례 판을 벌이는 것이 일과였다. 밑천이라야 동전 몇 개 정도를 놓고 심심풀이로 하는 것이라 부담은 되지 않았다. 이상하게도 손덕이 있어 밤 열두 시쯤 되면 동전이 서른 개로 늘어나 있었다. 문제는 자정이 넘어서였다. 밤이 이슥해지면 한 판 돌리자고들 했다. 소위 도리짓고땡을 하자는 것이었는데 룰조차 모르니 적응이 안 되었다. 힘들여 벌어놓은 동전 서른 개가 한 시간도 채 지나지 않아 다 날아갔다.

복식 테니스를 할 때 느끼곤 하던 일인데 승부에 집착하는 사람과 한편이 되면 참으로 부담스럽다. 그런데 나에게도 알게 모르게 승부욕이 있는 모양이다.

어느 날 도리짓고땡의 진행원리를 분석을 해보고는 수없이 연습을 거듭한 결과 내 마음대로 엮을 수 있게 되자 잃는 일은 더 이상 생기지 않게 되었다. 노름으로 가산을 탕진하기에 이른 시골 친구가 있었는데 그에게 설명을 자세히 해주니 앞으로 이런 짓을 하면 성을 갈겠다고 하며 감탄한 일이 있었는데 그 후로 실천에 옮겼는지는 알 수 없다.

놀이는 놀이로 끝낼 때 그것이 놀이이지 일정 선을 넘어 노름으로 변질되어서는 큰일을 저지를 수도 있는 것이다. 여북하면 짜고 치는 고스톱이란 말이 있지 않은가? 하물며 짜고 치는 도리짓고땡에서 이길 승산은 전혀 없는 것이다. 게다가 노름하는 사람은 무릎부터 썩는다는 말도 있다. 잘못 이 길에 들어서면 돈 잃고 몸 상하고 패가망신하기 십상이다. 옛날에 비해 화투 놀이하는 사람 수가 눈에 띄게 줄어들어 참 다행이다. 이제는 돈을 걸고 하는 컴퓨터 게임이 문제다.

영어에 이런 속담이 있다. 'What is learned in the cradle is carried to the grave.' 요람에서 배운 것은 무덤까지 간다는 뜻이니, 세 살 버릇 여든까지 간다는 말이다. 나의 경험에 비추어 그 말이 어느 정도는 맞는 것 같다. 어릴 때부터 유익하고 재미있는 놀이문화에 길들여져야 하겠다는 의미에서 과거를 되돌아보았다.

우린 살아가면서 예기치 않은 위험에 처할 때가 있다. 덕유산이 있는 전라도 무주는 계곡으로 유명한데 그게 바로 무주구천동이다. 대학에 다닐 때 영어과 친구들과 그곳으로 캠핑을 간적이 있다. 몇 박 며칠 예정으로 배낭에 쌀과 라면을 충분히 꾸리고 떠났다. 십여 미터 아래로 물이 흐르는 양쪽의 계곡이 합류하는 지점에 자리를 잡았다. 텐트를 치고 저녁을 먹고 나니 그날따라 총총한 별들이 유난히도 밝았다. 속세를 떠난 듯 홀가분한 가운데 산속의 밤은 깊어갔고 우린 잠을 청했다.

얼마나 시간이 흘렀을까? 갑자기 천둥번개가 치며 폭우가 쏟아지기 시작했다. 그래도 워낙 안전한 곳에 자리 잡은 지라 걱정은 되지 않았다. 잠에 푹 빠져 있었는데 등이 차콤차콤 해졌다. 놀라서 눈을 떠보니, 텐트 안에 있는 캠핑도구들이 물에 뜨기 시작했다. 십여 미터 아래 있던 물이 어느새 차올라 온 것이다. '왠 날벼락이야'하는 말은 이럴 때 쓰는 말인가 보다. 우린 기겁을 했다. 텐트를 접을 겨를도 없어 질질 끌고 한밤중에 산으로 오르기 시작했다. 알고 있겠지만 그 산은 악산이었다. 빽빽이 들어찬 관목을 뚫고 올라와 어느 바위 밑에서 겨우 비를 피하게 되었다. 초를 켜놓고 쭈그리고 앉아 새벽이 오기만을 기다리는데 독거미 같은 큰 거미가 머리 위를 오락가락했다. 그렇게 날은 밝아갔다.

그 많았던 계곡 물은 어지간히 빠져있었지만 물살이 세어 건너기가 만만치 않았다. 하필 한 해에 한 명씩 빠져 죽는다는 비파담 바로 위에서 물을 건너게 되었다. 그곳을 건너야 하는 사람들은 우리 말고도 또 있었다. 물을 건너 마지막 바위를 밟으려는 순간 한쪽 발이 미끄러졌다. 순간 온몸에 소름이 끼치고 머리카락이 섰다. 내 뒤에 있던 인천에서 왔다는 청년이 등을 받혀주는 바람에 무사했다. 우리 일행은 곧 안전한 곳으로 올라와 아래 비파담을 내려다보게 되었다. 그때였다. 한 사람이 실족하는 바람에 그곳으로 떠내려가 허우적거리고 있었다. 알고 보니 내 뒤에 있던 청년 다음 사람이었다고 한다. 아무도 손을 쓸 상황이 아니었다. 그저 나오기를 바라며 바라볼 뿐이었다. 계곡 물은 참으로 위험하다.

07 아무나 하는 게 아닌 농사

계곡으로 유명한 괴산 화양동에서 얼마 떨어지지 않은 강가에 밭을 장만한지가 10년이 넘었다. 혼자 관리하기엔 다소 넓은 편이라 인근에 있는 분에게 도지도 받지 않고 경작을 해달라고 부탁을 했다. 농사를 짓지 않고 한해 묵혀보니 망초대가 너무도 실하게 자라 동네사람 보기 민망해 궁리 끝에 그냥 부치라고 한 것이다. 덕분에 잘 자라는 농작물을 보니, 그렇게 하길 참 잘한 것 같다.

그래도 설마 50평 정도는 감당하겠지 싶어 우리 몫으로 떼어 놓았다. 이것저것 심고 종류를 헤아려보니 10여 가지는 족히 되었다. 씨를 뿌리거나 모종을 하고 얼마가 지나면 자라는 모습을 보는 즐거움을 맛볼 수 있을 뿐만 아니라 생명의 신비함마저 느낄 수 있다.

오이꽃이 진자리엔 털이 송송 난 새끼 송충이만한 오이가 앙증맞게 달린다. 1주일 남짓 지나면 따먹어보고 싶은 충동을 느끼게 할 만큼 부쩍 자라는 게 신기하기도 하다.

고추도 두어 골 심었는데 청천에서 고추모를 사기도 하고 때론 동네에서 얻기도 했다. 어찌나 실하게 많이도 달리는지 만약 농민들이 제값을 받는다면 모두 부자가 되겠구나 하는 생각도 들었다. 가을이 되어 빨갛게 익은 고추를 모처럼 말려보겠다고 애를 쓰다 낭패를 보았던 기억이 새롭다. 돌이켜보니 그때 고추는 상것이 되어 돌침대를 차지하고,

우리 부부는 아랫것이 되어 맨바닥에서 몇 날 며칠을 보냈다. 때깔로 미루어 양근이 제대로 되었다 싶었다. 확인 사살 차 가위를 들어 잘라보았다.

아뿔싸! 이게 웬일인가? 표리가 부동하다는 말이 바로 이것이구나! 속

은 온통 곰팡이 천지였다. 양근은 아무나 만드는 것이 아니다. 고추에 대한 애정과 땀과 노하우 이 3박자가 조화를 이루어야 양근이 됨을 알았다. 농사일은 자식농사만큼이나 어려운 것이다.

　너나없이 우린 선물을 주고받으며 살아간다. 선물은 주는 것도 기쁘거니와 받는 것은 더욱 기쁘다. 교사들은 주로 스승의 날이나 졸업식을 하는 날 마음의 선물을 받게 된다. 대가성이 아닌 정이 담긴 선물인지라 손수건, 양말, 넥타이, 와이셔츠, 때론 구두티켓이 주를 이룬다. 스승의 날이 되어 수업에 들어가면 학생들은 약속이나 한 듯 스승의 노래를 제창하고 꽃을 달아주고 때론 선물도 주곤 한다. 연중 가장 쑥스럽고 불편한 날이 이날인 것 같다. 교사로서의 역할을 다하지 못한 미안한 마음 때문일 것이다.

　몇 해 전 충주여고에서 가르쳤던 제자들이 수소문하여 근무지로 찾아왔고 서울 등지에 살고 있는 단양고 제자들이 청주로 찾아왔다. 40대 중반의 고등학교 자모가 되어서 말이다. 그들은 내게 반갑고 고마운 마음이 바로 이런 것임을 실감케 해주었다. 그들 마음속 한 구석에 내가 자리 잡고 있다니! 뿌듯한 마음으로 그 때 받은 넥타이를 매고, 로션을 아껴 바르기도 했다.

　초임지에서 근무할 때이다. 당시엔 대개 인근 부락으로 소풍을 갔는데 그 날이 되면 그 마을 분들이 천막을 치고 천렵을 하는 날이다. 육개장을 끓이고 막걸리를 주거니 받거니 마시는 친교의 장이 된다. 파할 무렵이 되었다. 학생의 할아버지로 보이는 어르신이 총각인 내게 공손히 인사를 하시며 선물을 내 손에 꼭 쥐어 주신다. 다 쓴 노트를 찢어서 포장을 한 선물이었다. 하숙집에 와서 풀어보니 필터도 달리지 않은 백조 담배 두 갑이었다. 정이 듬뿍 담긴 그 담배는 지금까지 받아 본 어느 선물보다 값지고 귀한 선물로 내 기억 속에 자리 잡고 있다.

09 | 학점

난 시골에 있긴 하지만 이름도 거창한 대장초등학교를 졸업하고 60리쯤 떨어져 있는 충주중학교에 진학했다. 당시엔 중학교도 입학시험이 있었는데 시골 출신이 들어가기에 만만하진 않았다. 3년 동안 그 흔한 과외 한번 받지 않고 기차통학을 하며 다녔지만 성적은 괜찮은 편이었다. 500명 중 10등에서 20등 정도는 했으니까. 하지만 학급에서라도 1등을 해본적은 없다. 불행히도 전교 1등인 친구가 우리 반에 있었기 때문이다. 고등학교는 서울로 보내준다는 형님 말씀에 고무되어 나름 열심히 했다.

사정이 여의치 않아 고등학교는 청주로 가게 되었다. 공부 좀 한다는 친구들이 모인 학교이기도 하고 꿈도 있고 해서 어느 때는 밤잠을 설쳐가며 책과 씨름했다.

1학년 말 겨울방학이 되어 시골에 갔다. 어느 날 아버님은 ‘서울로 대학가는 건 꿈도 꾸지 마라.’고 하신다. 젊은이는 꿈을 먹고 살고, 노인은 추억을 먹고 산다는 데 내겐 그야말로 청천병력이었다. 아무것도 하고 싶지 않았다. 자포자기 상태가 되었다.

2학년 3월이 되어 월말고사를 치르는데 시험지를 읽고 싶은 의욕도 없어 되는대로 답안지를 제출했다. 결과는 참담했다. 50여 명 중 50등 정도를 했다. 아이들이 지켜보는 가운데 담임선생님은 호통을 치시며 통지표를 나누어 주셨다. 상위권에 있던 학생이 최하위권이 되었는데 상담은 고사하고 창피만 당했다. 한 시간의 열띤 수업보다 이럴 때의 상담이 얼마나 값진 일일 진데. 이럴 때 내 발로 찾아가 상담을 청하는 지혜와 용기가 있었더라면 얼마나 좋을까?

　세월이 흘러 대학입학원서를 내야 했는데 서울로 갈 수 없으니 딱히 지원할 곳이 없었다. 불행 중 다행으로 영어성적은 상위권이라 마침 C대학에 영어교육학과가 처음 생겼다는 소식에 마감을 하루 앞두고 지원했다.

　3월 5일인가 입학을 하고, 3일을 출석하곤 실망스러워 두어 달 결석을 했다. 시험 치르기 며칠 전에 등교하여 시험범위를 알아보는 게 고작이었다. 결석이 너무도 잦았기에 교수님은 강의실에 들어오시면 '이용원 왔나?' '네, 왔습니다.' '그럼, 다 왔군.' 하시곤 강의를 시작했다.

　여름방학이 되어 시골에 갔다. 용기를 내어 아버님께 재수를 하고 싶다고 말씀을 드렸다. 아버님은 일고의 가치도 없다는 듯, 그런 소리하려면 집을 나가라고 하셨다. 야속하기 짝이 없었다. 기댈 곳은 아무데도 없었다. 5남매를 뒷바라지하기가 얼마나 힘드셨으면 그러셨을까? 이런 생각은 많은 세월이 지난 다음에야 할 수 있었다. 나는 아들 하나를 키우는 것도 흡족하게 해주지 못했으니 말이다.

　어찌 됐든 이러지도 저러지도 못하는 가운데 2학기도 1학기 때처럼 흘러갔다. 문제는 학점이었다. 당시엔 출석도 성적에 반영되어서 결석이 많았던 나는 물론 그럴 수도 없지만, 시험을 아무리 잘 봐도 잘하면 D, 못하면 E나 F였다. 한 학기 수강신청 학점이 22학점인가였는데 학기당 12학점씩이 낙제였다. 최대로 수강신청을 할 수 있는 학점이 26학점으로 제한되어 있었기에 1학년 때 받지 못한 학점을 4학년 2학기 때까지 따야만 했다.

　만약 이수해야 할 학점이 1학점이라도 더 있었다면 한 학기를 더 다녀야 했다. 대학을 졸업한지 근 40년이 가까운데도 지금도 학점이 모자라 졸업할 수 없어 고민하는 악몽을 꾸곤 한다. 나의 온 몸이 불만의 세포로 가득 차있다고 느끼며 4년을 보냈다. 이 학교는 다시는 쳐다보지도 않겠다고 마음먹으며 졸업을 했다.

　세월이 약이라는 말이 생각난다. 이 모든 슬픔을 세월이 다 치유해 주었나 보다. 처갓집이 모교 근처에 있어 지금은 아주 편안한 마음으로 애정 어린 마음으로 모교를 산책하곤 한다. 사람들은 '피할 수 없으면 즐겨라.'라고들 한다. 이 말을 일찌감치 알았더라면 얼마나 좋았을까? 긍정적인 마인드는 시궁창에 빠져있는 자신을 구해준다.

10 마비된 삶과 자아의 새로운 발견

대학을 졸업한 지 꼭 10년이 되던 해에 대학원엘 진학했다. 재직하면서 교사들이 다닐 수 있는 대학원은 계절제 교육대학원이다.

방학이 되면 학기 중 보다 더 바빴다. 어느 해는 안암동 로타리에 있는 여관에서 한 달을 보내기도 하고 또 어떤 때는 학교 뒤편에 있는 고대 기숙사에서 지내기도 했다.

충주여고에 근무할 때 입학하여 졸업은 단양고에 근무할 때 했다. 그곳에서 3학년 부장 겸 담임을 맡고 있었기에 매일 밤 12시까지 자습감독을 하고 자정이 넘어야 집에 도착했다. 읍 소재지에 있는 학교지만 도시에서 하는 흉내는 다 냈기 때문이다. 하필이면 이렇게 힘든 상황에서 졸업논문을 준비해야 했다. 힘들더라도 재학 중일 때 논문 통과를 해야 한다는 것이 선배님들의 조언이었다.

5학기 여름방학이 되어서야 겨우 구체적인 논문제목을 정하고 고대, 연대, 이대 등 도서관에 들러 참고할 만한 논문들을 모두 복사를 하니 그 양이 참으로 방대했다. 짬을 내어 도움이 될 만한 내용들을 추렸다. 여름학기를 끝내고 9월에 접어들면서 본격적으로 논문을 쓰기 시작했다. 밤 12시 반쯤에 시작하여 새벽 5시까지 하루도 거르지 않고 2개월이 넘도록 작업을 하는 데 졸음을 느낀 날은 하루도 없었다. 돌이켜 생각해봐도 불가사의한 일이다. 마음이 급했기도 하고, 하루하루 지나면 그만큼 진전되는 맛도 있었고 한편으론 어딘가에 몰두한다는 즐거움 때문에 가능했으리라.

남의 아들이 군대 가면 금세 세월이 흘러 제대를 맞이하는 것 같은데 자기 아들인 경우엔 왜 그렇게 세월이 느리냐고 하듯 남들은 술술 힘들이지도 않고 논문을 쓰는 것 같은데 내가 쓰려면 왜 이렇게 힘든 건지 모를 일이다.

논문지도를 해주신 교수님은 참으로 따뜻한 분이셨다. 2주일에 한 번씩 미리 약속 시간을 정해 놓고 지도를 받으러 상경했다. 바쁘신 중에도 흔쾌히 짬을 내어 지도해주시는 바람에 어찌 고마움을 표시해야 할지 몰랐다. 시골에서 근무하고 있었기에 향이 물씬 풍기는 산 더덕을 준비하기도 했다.

교수님께 저녁대접이라도 할라치면 극구 사양을 하시며 아무 말 말고 따라오라고 하시며, 길음동 어딘가에 있는 포장마차로 가시곤 했다. 술 안주로 참새구이를 시켜놓고 소주를 마시며 해주시는 말씀은 시간을 잊게 했다. 그 소탈하시던 모습이 잊혀 지지 않는다.

논문의 소재는 Joyce의 단편집 Dubliners(더블린 사람들)에 나오는 단편으로 The Dead(死者들)이다. 공교롭게도 그 주인공 Gabriel은 나의 영세명과 일치한다. 아무래도 이 작품은 나와 인연이 꽤나 있는 모양이다.

副題를 '마비된 삶과 자아의 새로운 발견'이라고 달았는데 왠지 마음에 들었다. 목차를 정하고 나니 '시작이 半이다.'라는 말이 실감이 났다.

단편 The Dead는 특별한 액션이 없고 Morkan 家의 자매들이 해마다 벌이는 무도, 음주, 노래 그리고 잡담으로 일관하는 겉보기에는 생동감이 넘치는 크리스마스 파티장면이 주된 배경으로 되어있다.

이 이야기에 나오는 모든 인물들은 상호간에 의사가 통하지 않음으로써 참된 인간관계를 형성하지 못하고 죽음 속의 삶을 살아가는 'the living dead'이다. 따라서 여기에서 마비된 삶의 의미란 자기중심주의, 고립 및 동감의 결여이다. 이러한 마비된 삶은 비단 이 파티에 참석한 이들에게만 국한된 것이 아니라 더블린, 나아가서는 아일랜드가 겪고 있는 病이라고 해야 옳을 것이다.

등장인물들의 단절된 모습은 주인공 Gabriel과 아내 Gretta에게서 절정을 이룬다. 살을 에는 듯이 추운 새벽 파티는 끝나고, 모두들 밖으로 나간다. 이때 Bartell D'Arcy가 노래를 부르고 있다. 현관의 어두운 곳에 서서 층계를 바라보고 있던 가브리엘은 무엇에 홀린 듯 꼼짝 않고 서 있는 우아하고 신비스럽기조차 해 보이는 아내의 모습을 발견한다. 가브리엘은 그녀의 모습에 무한한 매력을 느끼며 자기가 화가라면 이 장면을 한 폭의 그림으로 표현해보고자 하는 소망으로 'Distant Music'이라는 詩的인 제목까지 설정하기에 이른다. 그의 행복했던 결혼생활을 회상하며 아내에 대한 욕정으로 가득 차있는 것이다. 그러나, 그레타는 남편의 생각과는 달리 'The Lass of Aughrim'이라는 노래에 심취되어 있었던 것이다.

이 노래말은 그레타의 옛 애인인 Michael Furey가 빗속에서 그녀를 찾아오는 것과 미묘하게 연결되고 있다. 말하자면 이 노래는 가브리엘에겐 아내에 대한 사랑과 격정을 일으키게 하는 반면, 그레타에겐 자신을 사랑하다 죽은 Michael Furey에 대한 추억을 불러일으킨다. 이는 가브리엘과 숨겨진 과거를 지닌 그레타를 분리시킴으로써 부부의 사랑조차도 단절된 상태에 있음을 보여준다. 다행스럽게도 이 노래는 자기중심적이고 우월감에 빠져있던 주인공 가브리엘이 자신의 참모습을 깨닫고 두터운 마음의 벽을 무너뜨리는 계기가 된다.

이 단편에 나타난 소통이 단절된 모습들은 비록 더블린사람들에게만 국한된 것이 아니다. 어쩌면 너나없이 우리 모두가 겪고 있는 아픔인 것이다. 주인공 가브리엘처럼 自我를 새롭게 발견함으로써 마비된 삶에서 벗어나 참된 인간관계를 맺기를 기대해본다.

11   산을 다녀와서

언제부터인가 마음에 맞는 사람 몇몇이 모임을 만들어 오붓하게 산행을 즐기는 일이 대세가 되었다. 등산 전문가는 아니지만 나의 등산역사도 꽤나 오래되었다. 20대 초반에 새벽 4시 반쯤에 일어나 하숙집 뒤에 있는 우암산을 올랐다. 정상에 올라 여명의 기운을 맛보는 것은 어디에도 비길 수 없는 즐거움이었다.

대학 졸업시험을 보는 기간이었다. 시험 준비도 하지 못한 상황인데도 기어코 등산을 했으니 내가 혹시 등산 중독에 빠진 것은 아닌가 하는 생각이 들기도 했다. 비오는 날도 예외 없이 우산을 받쳐 들고 산행을 즐기던 일이 생생하다.

몇 해 전 백두산을 다녀온 사람들이 백만사란 이름으로 모임을 만든 등산모임에 가입했다. 한 달에 한 번씩 이산 저산 등산을 하는데 그 재미가 쏠쏠하다. 내가 평생 잘한 일 중의 하나는 이 모임에 가입한 것이 아닌가 싶다.

정회원으로서의 두타산 처녀산행을 마치고

-2008.06.22.-

먼발치에서 보기만 하던 두타산은 왠지 오를 기회가 없을 것 같은 도도하고 가팔라 보이기만 한 그런 산이었다. 백만사 회원님들의 따뜻한 환영을 받으며 회원으로서의 첫발을 디딘 산이라 더욱 의미 있는 산행이었다. 산행 내내 마음이 그리도 편안하고 뿌듯할 수가 없었다. 좋은 사람들과 산행하는 즐거움이 바로 이런 것이구나! 23일 출근길에 증평을 지나는데 두타산이 친근하게 나를 바라보는 듯했다. 아침에 대면하는 순간, 우리 두 내외를 살갑게 맞이해준 산악대장님 부부와 회원님 모두에게 고마운 마음을 전한다.

이름에 걸맞는 깨달음을 준 성치산 산행을 마치고

-2008.07.12-

작지만? 소중한 것을 다시금 깨닫게 해준 산행이었다. 산행 중에 다리를 다쳐 몸이 성치 않으면 산행이 만만치 않다는 것을, 맹인의 처지가 되어 몸이 성치 않아도 밝은 모습으로 산행을 할 수 있다는 것을, 누구라고 굳이 밝히고 싶진 않지만 방심하다 본의 아니게 덤블링을 해도 순발력이 있으면 위기를 모면할 수 있다는 것을, 가이드의 톡톡 튀는 멘트가 있으면 기쁨이 두 배가 된다는 것을, 식사 때 잘린 고추에 대한 터프한 언급이 폭소를 자아내게 할 수 있다는 것을, 온밤을 새우고도 좋아하는 이들과 산행을 하면 전혀 피로하지 않다는 것을, 몸소 체험한 뜻깊은 산행이었다.

백만사 회원님!

성봉에서 밝게 미소 지으며 "예쁘게 찍어주세요!"라고 외치던 존경스럽기까지 한 맹인의 삶의 모습을 본받아, 우리 모두 앞으로는 더욱더 좋은 쪽으로 생각하며 살아갑시다.

송기게 북바위산을 다녀와서

-2008.07.20.-

북바위산은 바라만 보아도 좋은 산인가? 여느 산행 때와는 달리 하나같이 흡족한 표정으로 오르내리는 이들이 많았다. 덩달아 기분이 업 되었다. 나도 산에 취했는지 세 번씩이나 나무에 헤딩을 하는 기록을 세웠다. 저정스러움이 꼭 남의 애기만은 아니었다.

일본 후지산을 다녀와서

-2008.08.09-

8월 1일부터 4일까지의 후지산 산행 및 관광일정 동안의 날씨는 말 그대로 일품이었다. 5일이 되자 천둥번개와 함께 쏟아지는 비를 바라보아야만 했으니까.

일본에서 돌아온 다음 날 8월8일 12시.

정이 담뿍 든 우암산을 오르면서 후지산을 회고하니 어설픈 3행시가 떠올랐다. 「후」회 없을 만큼 끝없이 펼쳐진 이름 모를 아름다운 꽃을 바라보며 오르던 후지산이여! 「지」루하기 짝이 없을 만큼 걸어도 걸어도 끝나지 않는 화산재 먼지 일던 후지산이여! 「산」허리를 따라 끝없이 이어진 운해를 만끽하게 한 후지산이여!

구름을 저 멀리 내려다보며 지상에서의 잡다함을 모두 잊은 채 천상의 존재가 되어 함께 걸었던 후지산. 우리의 일주년을 더욱 의미 있게 해준 후지산아 네가 있어 고마웠다.

전라남도 불갑산 산행을 마치고

-2008.09.21.-

백만사가 뭉치는 날은 언제나 날씨가 일조를 했다. 복 받은 모임인가보다. 불갑산에 가까워지자 도로 양옆으로 이름하여 〈꽃무릇〉이란 꽃이 눈에 띄기 시작했다. 하고많은 이름 중에 왜 하필이면 그런 이름이 붙었을까? 필시 조상님들이 이 꽃을 처음 보는 순간 「무릇 이 정도는 돼야 꽃이라고 할 수 있지!」라고 감탄하며 붙여 놓았을 것이다. 그제서야 생소했던 이름이 잊혀지지 않는 이름이 되어 내게 다가왔다.

잎새도 없이 전라의 모습으로 유혹하는 듯 피어있는 꽃무릇에 향기가 없길 천만다행이다. 만약 향기마저 있다면, 누구의 노랫말처럼 '얼굴도 샤방샤방, 몸매는 에스라인, 아주 그냥 죽여 줘요' 그 자체였을 테니까. 이번 여행은 꽃구경 한번 원 없이 잘한 산행으로 오래도록 기억될 것이다.

원주 감악산을 다녀와서

-2008.10.26.-

단풍이 절정일 걸로 기대했는데 벌써 가을이 떠날 채비를 하고 있었다. 심심할라치면 간간이 나타나는 밧줄타기가 감칠맛을 더해주었던 감악산! 사진을 보노라니 수직에 가까운 바위에 오르느라 오줌을 지린 이도 있을 성싶다.

정상 바위에 오르자 온몸을 날려버릴 듯 세찬 바람이 일었다. 다행히

듬직한 엉덩이 덕분에 날아가진 않았다. 골골이 펼쳐진 단풍이 한 폭의 산수화가 되어 눈에 들어왔다. 일품이었다. 묵과 함께한 뒤풀이 소주도 맛났다.

홍성 오서산을 다녀와서

-2008.11.08.-

몇 해 전에 과학고 모임에서 이곳에 왔을 땐 어찌나 바람이 거세고 추웠는지 정상 정자를 보니 추위에 떨며 김밥을 먹던 생각이 났다. 그땐 따뜻한 커피가 제 맛이었다. 과천부터 긴다더니, 이번엔 한겨울에 두르는 목도리까지 챙겨왔는데, 소용이 없게 되었다. 아주 포근해서 좋았다. 같은 산도 언제 누구와 오르느냐에 따라, 받는 느낌은 사뭇 다르다.

제천 한수면 등곡산을 다녀와서

-2008.12.07.-

깔깔대는 소린 간데없고, 도중 한 사람도 만나지 못한 참으로 호젓한 산행이었다. 길을 잘못 들어 3시간 반 만에 하산을 했건만, 월형산을 오르기 위해 밑바닥부터 다시 시작해야 할 판이었다. 내심으론 그만 걸었으면 좋겠는데, 눈치를 보니 그냥 포기할 것 같지 않았다. 징그러울 만큼 산에 푹 빠진 매니아들이 아닌가? 속내도 드러내지 못하고 잠자코 따라가는 수밖에. 드디어 월형산 정상에 올랐다. 등곡산 정상과 떡갈봉은 물론, 애써 넘어온 봉우리들이 한눈에 들어왔다. 힘은 들었지만 나의 두 다리가 대견스러웠다. 남자들끼리만 가는 것도 좋은 점이 있었다. 영역표시도 맘대로 하고, 더구나 가스방출도 거리낌 없이 할 수 있어 좋았다.

언젠가 산행 때 회장님이 모 여사와 방귀를 서로 트기로 했다는 말이 생각났다. 서로 얼마나 절박했으면 그런 제안을 했을까? 그래서 그런지 회장님 가스소린 타의 추종을 불허했다. 이번 산행에선 「방귀를 튼다는 것이 얼마나 편안한 것인가!」를 실감했다. 저녁이 되어 회원이 두루 모인 두루정에서 비로소 깔깔대는 소리도 들을 수 있었다.

경북 의성 비봉산과 금성산을 다녀와서

-2009.1.02.-

오늘 등산을 성공적으로 하기 위해, 워밍업으로 어제 우암산을 올랐다. 그러니까 올해엔 나도 함께 간 매니아들처럼 등산으로 한해를 시작하는 셈이 되었다. 가파른 비봉산과 금성산 정상에 올라 기축년 소띠 해를 맞아, 기가 빠져 축 늘어지지 않고, 소처럼 듬직한 모습으로 새해를 맞이하자고 다짐해본다. 나를 알고 있는 소중한 님들에게도 한껏 기를 모아 새해인사를 보낸다.

경북 청량산을 다녀와서

-2011.11.27.-

얼마 전 TV에 방영된 청량산을 보고, 그 수려함에 반해, 아내가 꼭 한 번 오르고 싶어 하던 그 산을 우리 산악대장의 배려로 오늘 오르게 되었다. 숨을 몰아가며 수천 계단을 오르고, 하늘다리를 지나면서 그때서야 비로소 오기를 잘했다는 생각이 들었다. 청량산의 진면목은 하산 길, 김생굴 즈음에 이르러 맞은편에 보이는 정갈하게 가꾸어 놓은 산사와 그를 에워싸고 있는 기암절벽을 봄으로써 완성된다.

몇 해 전 장가계에서 연발했던 감탄사가 절로 나왔다. 이런 산이 우리나라에 있으니 얼마나 좋은가! 계절이 바뀌면 언젠가 다시 오고 싶은 산이다.

|||||||||||||||||||||||||||||||||||||||||||||||||||||||||||||||||||

(1부) 워드 이론을 위해 참고한 서적들

1. 워드프로세서 1급 필기(2, 3급 포함) T&T 교육교재개발팀 공저 영진.com

2. 워드프로세서 1급 필기 특별대비(2, 3급 포함) 영진정보연구소 공저 영진.com

3. 정보통신 용어사전 제4판 한국정보통신시술협회편 두산동아

(2부) 교육학 이론을 위해 참고한 서적들

1. System 敎育學 저자 박연채 도서출판 고시연구원

2. 교육학용어사전 서울대학교 교육연구소